재미 up!! 실력 up!! 왕초보 생활영어회화 118

재미 UP!!
실력 UP!!

왕초보
생활영어
회화 118

초판 인쇄 | 2012년 1월 5일
초판 발행 | 2012년 1월 10일
지은이 | 김영석
그린이 | 허다경
펴낸곳 | 도서출판 새희망
펴낸이 | 조병훈
디자인 | 디자인 감7
등록번호 | 제38-2003-00076호
주소 | 서울시 동대문구 제기동 1157-3
전화 | 02-923-6718 팩스 | 02-923-6719

ISBN 978-89-90811-32-5 13740

값 10,000원

머리말

요즘 세상에 영어와 전혀 무관하게 살 수 있는 사람은 거의 없습니다. 그래서 누구나 영어회화에 대해 고민하지만 소위 "비법"이란 것은 없습니다. 그런데 생각해보면 아기들은 보통 5~6년이면 자기 의사표시를 자유롭게 하지 않습니까? 우리도 아기가 말을 배우는 것처럼 영어를 배우면 아기 보다 머리도 좋으니까 더 빨리 배울 수 있지 않을까요?

그러나 안타깝게도 우리는 아기의 엄마처럼 항상 말을 들어주고 틀릴 때마다 시행착오를 고쳐줄 사람이 없습니다.

그렇다면 우리는 우리 스스로가 시행착오를 겪고 우리 스스로가 고치는 작업을 하여야 만합니다. 우선 일상에 필요한 말들을 영어로 해보고, 틀리고 맞았는지는 책을 통하여 알아가고, 기회가 된다면 영어를 사용하는 원어민을 통하여 알아나가야 합니다. 하지만 책을 통하는 방법은 그 과정이 너무 지루하고 원어민을 통하는 방법은 좀처럼 기회가 없거나 있더라도 용기가 없어서 중도에 포기하는 것이 우리의 모습입니다.

    그러나 아기들을 생각해 보십시오. 아기는 말 한마디 안하고 단 하루도 그냥 넘어가는 날이 없습니다. 틀릴까봐 창피하다고 말 안하는 아기도 없습니다. 결정적으로 아기는 말이 통할 때의 기쁨을 알기에 엄마와 끊임없이 말을 하려고합니다.

    어떻게 하면 편안하게 영어를 배울까 고민하기보다는 영어를 어떻게 일상에서 자꾸 사용할 수 있을까를 고민하는 것이 결국에 가장 영어를 빠르게 배우는 방법이 아닐까요?

    "재미 UP!! 실력 UP!! 왕초보 생활영어회화 118은" 영어 초보자인 동수의 에피소드를 통해 우리가 흔히 접하는 일상 생활을 118가지 장면으로 나누고 각 장면마다 필요한 영어회화 표현을 수록하였습니다. 동수의 에피소드를 따라 우리의 일상생활에 필요한 회화부터 배우고 말해본다면 보다 생생하고 흥미롭게 영어회화 공부를 할 수 있을 것입니다.

이 책의 특징

1. 좌충우돌 에피소드와 함께하는 왕초보 생활영어

영어초보자 동수의 에피소드를 통하여 지루하지 않게 생활에 필요한 영어회화를 공부할 수 있게 하였습니다. 영어는 초보지만 용감하게 문제를 해결해가는 동수를 보면 여러분도 자신감을 가지고 영어를 시작할 수 있습니다.

2. 118가지 장면으로 일상에 필요한 생활회화를 수록

영어초보자 동수의 에피소드는 우리가 일상에서 흔히 접할 수 있는 상황들로 구성되어있습니다. 따라서 에피소드별로 필요한 영어회화는 우리의 일상생활에서 필요한 영어표현들입니다. 동수의 59가지 에피소드와 그 변화까지 118가지 장면에서 여러분은 기초적인 영어회화표현을 공부할 수 있습니다.

3. 기초표현과 기초표현을 바로 활용하는 다이얼로그

각 각의 에피소드에서 배운 기초표현을 다이얼로그를 통해 바로 활용해 볼 수 있도록 하였습니다.

4. 상황변화에 따른 표현과 다이얼로그

각 각의 에피소드에 약간의 변화가 발생했을 때 필요한 기초표현을 수록하고 이 또한 다이얼로그를 통해 바로 활용해 볼 수 있도록 하였습니다.

5. 더 많은 표현

기초표현들 외에 더 많은 표현들을 접할 수 있도록 하였습니다.

6. 실력확인을 위한 연습문제

각 장이 끝날 때 마다 배운 표현들을 테스트 할 수 있도록 연습문제를 수록하여 자신의 실력을 확인 할 수 있도록 하였습니다.

7. 초보자를 위한 한글발음표기

영어초보자를 위하여 기초표현과 더 많은 표현에는 한글로 발음을 표기하였습니다.

머리말 • 04
이 책의 특징 • 06
이 책에 나오는 주요 등장인물 • 15

Part 01 국내편

제1장_ 만남과 인사

1. 처음으로 만난 외국인과 **인사**를 하다! • 20
   인사/아는 사람과의 인사
   더 많은 표현–인사와 대답

2. 참을 수 없는 어색함, **대화**가 필요해! • 24
   대화를 건 낼 때/식성에 관한 표현
   더 많은 표현–대화요청과 이야기에 대한 반응

3. 교수님! 브래드를 **소개**합니다 • 28
   소개/직장에서의 소개
   더 많은 표현–소개와 통성명

4. 이 교수님과 브래드의 **오랜만의 만남** • 32
   오랜만의 만남/다른 사람의 안부
   더 많은 표현–오랜만의 만남과 안부

5. 휴, 고생 끝이다. **잘 가!** 브래드 • 36
   작별인사/연락 희망
   더 많은 표현–작별인사와 연락 희망

   연습문제 • 40

제2장_ 초대와 약속

1. 브래드를 집으로 **초대**하다! • 44
   초대/초대에 응 할 수 없을 때의 표현
   더 많은 표현-초대와 답변

2. 브래드, 우리 집에 온 것을 **환영**한다! • 48
   손님맞이/음식접대
   더 많은 표현-손님맞이와 음식접대

3. 브래드의 **가족**을 궁금해 하시는 아버지 • 52
   가족/가족(결혼한 경우)
   더 많은 표현-가족과 자녀

4. **사적인 질문**을 해도 될까? • 56
   사적인 질문/학교에 대한 질문
   더 많은 표현-출신지와 신체

5. 필요한 것 있으면 **부탁** 만해! 다 들어줄게 하지만… • 60
   부탁/양해
   더 많은 표현-부탁과 양해

6. 브래드! 우리의 **약속** 꼭 지켜주길 바래! • 64
   약속/약속의 변경과 취소
   더 많은 표현-약속과 변경

   연습문제 • 68

제3장_ 감정의 표현

1. 너무 **슬퍼**하지 마, 브래드 • 72
   위로/슬픔
   더 많은 표현-위로와 슬픔

2. 아니 이런 매너가…… 우 씨, 정말 **화나내**! • 76
   분노/비난과 다툼
   더 많은 표현-분노와 비난

3. **아이고, 깜짝이야!** ● 80
   놀라움/두려움
   더 많은 표현 – 우연한만남과 놀라움

4. **미안하다, 사과 한다!** ● 84
   사과/용서를 비는 표현
   더 많은 표현 – 사과와 용서여부

5. **아저씨! 감사여, 감사!** ● 88
   감사/선물
   더 많은 표현 – 감사와 선물

6. **기쁘냐? 나도 기쁘다** ● 92
   기쁨/축하와 축복
   더 많은 표현 – 기쁨과 축하

7. **칭찬은 브래드도 춤추게 한다!** ● 96
   칭찬/잘하는 것에 대한 칭찬
   더 많은 표현 – 칭찬과 대답

8. **세상이 그대를 속일지라도 실망하지 말 지어다!** ● 100
   실망/불평
   더 많은 표현 – 실망과 불평

   연습문제 ● 104

제4장_ 의견말하기

1. **서울구경할까? 쇼핑할까? 기분전환 좀 하자!** ● 110
   제안/제안의 거절
   더 많은 표현 – 제안과 수락 또는 거절

2. **한국 전통음악, 좋아? 멋져? 어때?** ● 114
   의견 묻기/견해 표현
   더 많은 표현 – 의견 묻기와 견해 표현

3. **나도 헷갈리는데 잘 이해했을까?** ● 118
   이해의 확인/이해의 표현
   더 많은 표현 – 이해와 추측

4. **도대체 어떤 걸 원하는데?** ● 122
   기호, 선호를 묻는 표현/재촉
   더 많은 표현 – 재촉과 여유

5. **브래드! 네 말에 동의할 수 없어!** ● 126
   반대/오해
   더 많은 표현 – 반대와 오해

6. 내 말이 맞지? 그럼 **동의** 하란 말이야! • *130*
   동의/전적인 동의
   더 많은 표현—동의와 맞장구

7. 내 **조언**을 따르는 것이 너한테 훨씬 좋을 거다 • *134*
   조언/설득
   더 많은 표현—설득과 협상

8. 그래, **결심**했어! • *138*
   결심/결정유보
   더 많은 표현—결심과 결정유보

   연습문제 • *142*

제5장_ 전화하기

1. 간만에 **전화** 걸었는데...... **부재중**이라니 • *148*
   부재중 전화/잘 못 걸었을 때의 표현
   더 많은 표현—부재중 전화와 잘못 건 경우

2. **전화통화**로 나마 목소리를 들으니
   반갑다. 친구야! • *152*
   전화통화/전화 받기 곤란한 경우
   더 많은 표현—전화걸때와 바꿔 줄때

3. 이제 그만 **전화**를 **끊어야**겠다 • *156*
   전화 끊기/통화 장애
   더 많은 표현—전화 끊기와 통화 장애

   연습문제 • *160*

Part 02 국외편

제1장_ 출발과 도착

1. **비행기**에서, 내 **좌석**은 어디지? • *166*
   비행기 좌석확인과 교환/항공편 예약
   더 많은 표현—비행기 좌석과 항공편 예약

2. 공짜라면 양잿물도 마시는데 하물며
   기내 서비스라면...... • *170*
   기내 서비스이용/비행기에서 몸이 불편할 때
   더 많은 표현—기내서비스와 몸이 불편할 때

3. 드디어 도착, **입국심사**대 앞에서다! ● *174*
   입국심사/수하물을 분실했을 때
   더 많은 표현 – 심사와 수하물

4. **공항**에서 **목적지**인 누나네 집으로 고! 고! ● *178*
   공항에서 목적지/택시
   더 많은 표현 – 버스와 택시

5. 내가 외국인이 되어 **길을 묻다** ● *182*
   길을 물어 볼 때/길을 가르쳐 줄 때
   더 많은 표현 – 위치문의와 안내

   연습문제 ● *186*

제2장_ 쇼핑

1. **물건 고르기**는 언제나 힘들어 ● *190*
   물건 고르기/물건이 마음에 들 때
   더 많은 표현 – 물건 고르기와 선택

2. 이거 **입어 봐도** 되나요? ● *194*
   입어볼 때/가격 흥정
   더 많은 표현 – 흥정과 품절

3. **얼마**면 돼, 얼마면 되냐고? ● *198*
   계산/포장과 배달
   더 많은 표현 – 계산과 포장, 배달

   연습문제 ● *202*

제3장_ 미국 생활

1. 미국에서 **세탁**의 달인이 되다! ● *206*
   세탁소/옷 수선
   더 많은 표현 – 세탁과 수선

2. **은행**에서 잔돈으로 바꿔야지! ● *210*
   환전/입, 출금
   더 많은 표현 – 계좌와 신용카드

3. 누나는 안 돼, **이발소**가 좋아! ● *214*
   이발소/미용실
   더 많은 표현 – 이발소와 미용실

4. **우체국**에 가서 엄마에게 편지를 부치다! ● *218*
   편지/소포
   더 많은 표현 – 편지와 소포

5. 조카야, 조금만 참아! **병원**에 다 왔다!　● 222
　　병원/증상 설명
　　더 많은 표현 – 진찰과 검사

6. 진찰은 병원에서 조제는 **약국**에서!　● 226
　　약국/약에 대한 질문
　　더 많은 표현 – 약 구입과 복용방법

　　연습문제　● 230

제4장_ 여가와 취미

1. 캐서린, 넌 **여가**를 어떻게 보내니?　● 234
　　여가활동/취미를 말할 때
　　더 많은 표현 – 취미와 스포츠

2. 오늘밤 **영화** 보러 갈래?　● 238
　　영화 보러 가자고 할 때/영화에 대한 소감
　　더 많은 표현 – 영화에 대한 관심과 소감

3. 캬, 시원하게 **술** 한잔 하는 거야!　● 242
　　술 마실 때/술을 주문할 때
　　더 많은 표현 – 술과 주량

4. 연말**파티**라고? 야호, 신난다!　● 246
　　파티/파티 참석여부
　　더 많은 표현 – 파티제의와 파티 장

　　연습문제　● 250

제5장_ 식당에서

1. **식당예약**은 처음인데!　● 254
　　식당예약/예약의 취소
　　더 많은 표현 – 식사제의와 식당예약

2. **식당입구**에서는 품위 있게!　● 258
　　식당입구/예약하지 않은 경우 식당입구
　　더 많은 표현 – 예약한 경우와 안한 경우

3. 세련되게 **식사주문**을 하다!　● 262
　　식사주문/음식에 대해 물어볼 때
　　더 많은 표현 – 식사주문과 디저트

4. **식사할 때**에는 즐거운 **대화**를! • 266
   식사할 때 대화/음식에 문제가 있을 때
   더 많은 표현-식사할 때 대화와 서비스요구

   연습문제 • 270

제6장_ 여행하기

1. 가슴 설레 이는 여행은 **렌터카**로~~ • 274
   차를 렌트할 때/주유소
   더 많은 표현-차량 렌트와 점검

2. **사진** 한방 찍어 주세요! • 278
   사진을 부탁할 때/사진포즈를 주문할 때
   더 많은 표현-관광지와 사진

3. 이게 무슨 일이야, 난데없는
   교통사고라니… • 282
   교통사고가 난 경우/교통사고를 신고할 때
   더 많은 표현-교통사고와 분실

4. 한번 고급 **호텔**에서 자 보는 것도… • 286
   호텔체크인/호텔 예약
   더 많은 표현-체크인과 호텔방의 선택

5. 고급 **호텔**에서 고급 **서비스**,
   비싼 값을 하는구나! • 290
   호텔 서비스 이용/호텔에 문제가 있을 때
   더 많은 표현-호텔서비스 이용과 불편신고

6. **관광**할 만한 곳 좀 추천해 주세요! • 294
   관광정보를 문의할 때/관광버스를 문의할 때
   더 많은 표현-관광정보와 관광버스

7. **호텔체크아웃**… 굿 바이 아메리카! • 298
   호텔체크아웃/탑승수속
   더 많은 표현-호텔체크아웃과 변경 및 연장

   연습문제 • 302

이 책에 나오는 주요 등장인물

박동수
주인공. 생각보다 행동이 앞서는 대책 안 서는 낙천적인 성격의 소유자.

브래드
한국을 방문한 미국 학생으로 동수와 친해져서 동수의 영어회화 실력을 향상시켜 준다.

지도 교수님
동수가 영어회화를 잘하는 학생으로 오해하여 동수에게 시련과 희망을 동시에 안겨 준 장본인.

아버지
동수의 아버지로 다혈질의 소유자. 동수가 제일 무서워하는 사람.

사촌 누나
미국에 거주하는 누나로 동수가 미국 생활의 조력자.

캐서린
미국에서 알게 된 여자친구.

그 외 등장인물
이 교수님, 매형, 조카, 웨이터 아저씨 등등

Part 01

국내편

- Chapter 01 만남과 인사
- Chapter 02 초대와 약속
- Chapter 03 감정의 표현
- Chapter 04 의견 말하기
- Chapter 05 전화하기

나는 한국대학 경영학과 4학년인 24살의 박 동수 라고 해. 내 애기 좀 들어볼래?
　어렸을 적에 대학생이 되면 아름다운 낭만과 뜨거운 열정이 가득한 시간을 보낼 거라 생각했지, 그런데 뭐야? 대입수험생을 벗어나자마자 취업수험생이 되 야 한다고 난리들이잖아! "아무리 현실이라도 절대 받아들일 수 없어!"라고 생각했지만 마땅히 할 것을 찾지는 못했지. 그래서, 일단은 지금까지 맘대로 못한 진탕으로 술 마시기, 온라인게임 고수되기, 등을 실컷 했어, 옛날에 몰래 했을 때만큼 재밌지는 않지만 시간은 잘 가더군. 그런데 문제는 잘 가는 정도가 아니라 눈 깜짝할 새에 지나간다는 거였어. 어느덧 아무것도 준비 안 된 채로 4학년이 되버린 거야……

기초 표현

만남과 인사

초대와 약속

감정의 표현

의견말하기

전화하기

Chapter 01
만남과 인사

4년간 착실하게 취업 준비를 한 녀석들을 보면 "평생 수험생으로만 살아온 녀석들"하고 비웃고 싶지만 나 자신을 돌아보면 더 한심해 그런데 한심하게 느껴질수록 오히려 자존심이 세지는 거야 그래서 미국 드라마에서 단편적으로 알게 된 최신 slang위주의 회화로 그 녀석들 앞에서 잘난 척 좀 했지 그런데 정말 내가 영어회화를 꽤 하는 줄 아는 거야, 좀 부담은 되지만 믿거나 말거나 너희 자유니까 맘대로 생각해라 하며 나름대로 그 상황을 즐기기도 했는데……

01 처음으로 만난 외국인과 **인사**를 하다!

어느 날 지도교수님이 "자네, 영어를 잘 한다며?" 이 교수님이 미국에 계실 때 알게 된 분의 아들이 내일 모레 오후에 인천공항에 오는데 자네가 마중 좀 나가 보게. 허걱! 이게 무슨 날벼락이야? "교수님 사실 저는 영어를 못합니다."라고 말할까 했지만 왠지 "그럼 자네는 잘하는 게 뭔가?"라는 대답이 나올 것만 같다. "에이, 공항 가서 손목잡고 끌고 오면 되지"라고 막연히 생각하며 "네!"라고 크게 대답했다.

 인사

1. 안녕하세요.
   Hello! / Hi!
   헬로우 / 하이
   ◎ Hi나 Hello는 비슷한 의미의 표현이지만 Hi가 Hello보다 좀 더 편한 사이에 쓸 수 있는 표현입니다.

2. 안녕하세요. 저는 [제 이름은] 박동수입니다.
   Hello. I'm [My name's] Dongsu Park.
   헬로우 아임 [마이 네임즈] 동수 파악
   ◎ 자기를 소개할 때는 I'm ~., 또는 My name's ~.라는 표현을 쓰면 됩니다.

3. 만나서 반갑습니다.
   Nice to meet you.
   나이스 투 밋 츄
   ◎ '나도 역시 반갑다' 라는 말은 뒤에 too를 붙여 Nice to meet you, too.라고 말하면 됩니다.

4. 당신을 어떻게 부르면 될까요?
   What should I call you?
   '왓 슈드 아이 콜 유

 **대화 표현의 활용**

드디어 이틀 후! 불안한 마음으로 공항 환영홀에 Welcome! Brad라는 센스 있는 팻말을 들고 서 있는데, 저 멀리서 나랑 비슷한 나이의 외계인… 아니 외국인이 나를 보더니 흰 이빨을 드러내며 다가온다.

 **DIALOG**

동 수	Excuse me, are you Brad Jordan?
브래드	Yes.
동 수	**Hello. My name's Dongsu Park.** I'm from Hankook University.
브래드	**Hi. Nice to meet you.**
동 수	Nice to meet you, too. How was your trip?
브래드	Great!

동 수	실례합니다. 혹시 브래드 조던 씨인가요?
브래드	예, 맞습니다.
동 수	**안녕하세요, 저는 박동수입니다.** 한국대학에서 나왔습니다.
브래드	**안녕하세요. 만나서 반갑습니다.**
동 수	저 역시 만나서 반갑습니다. 여행은 어떠셨어요?
브래드	아주 좋았습니다.

● **잠깐 알고 갈까요?**

미국인들은 악수를 나눌 때 서로 눈을 마주치는 것이 자연스러운 행동이라고 생각합니다. 그래서 우리처럼 악수하면서 허리 굽혀 인사를 하면 눈을 마주칠 수 없어서 어색해 합니다. 또한 악수를 할 때 맞잡은 손을 다른 손으로 맞잡는 것은 과장된 친근함으로 받아들여져 불편해 할 수 있습니다.

 아는 사람과의 인사

동수가 잘 아는 사람과 인사를 한다면…

1. 어떻게 지내요?
   How are you?
   하우 아 유
   ○ 비슷한 표현으로는 How are you doing?, How's it going? 등이 있습니다.

2. 잘 지냅니다. 당신은요?
   Fine, thank you. And you?
   파인 땡큐 앤 유
   ○ 상대방이 안부를 물을 때 잘 지낸다면 Fine., Very well., Pretty good. 등으로 대답하면 되고 그냥 그저 그렇다면 Not bad., So-so.라는 표현을 쓰면 됩니다.

3. 어떻게 지내?
   What's up?
   '왓 써업
   ○ What's up?은 가까운 친구 사이에 쓸 수 있는 표현입니다.

4. 뭐 별일 없어.
   Not much.
   낫 머취

A _ Hi, Bill.
B _ Hi, Dongsu. **How are you doing?**
A _ **Fine, thank you. And you?**
B _ Not bad.

A _ 안녕, 빌.
B _ 안녕, 동수. 어떻게 지내?
A _ 좋아. 너는 어때?
B _ 그럭저럭 잘 지내.

 ## 인사와 대답

인사

1. 안녕하세요! – 오전 / 오후 / 저녁 인사
   Good morning! / Good afternoon! / Good evening!
   굿 모닝 / 굿 에프터누운 / 굿 이브닝

2. 어떻게 지내요?
   How is it going?
   하우 이즈 잇 고잉

3. 오늘 하루 어땠어요?
   How was your day?
   하우 워 쥬어 데이

4. 무슨 좋은 일 없어요?
   What's new with you?
   왓츠 뉴 위드 유

5. 사업은 잘 되고 있나요?
   How is your business going?
   하우 이 쥬어 비즈니스 고잉

대답

1. 모든 게 좋아요.
   Everything is O.K.
   에브리띵 이즈 오케이

2. 항상 똑같아요.
   Same as always.
   쎄임 애즈 올웨이즈

3. 별로 좋지 않아요.
   Not good. / Not so great.
   낫 구웃 / 낫 쏘우 그레잇

4. 항상 바쁩니다.
   I'm still busy as ever.
   아임 스틸 비지 애즈 에버

02 참을 수 없는 어색함, 대화가 필요해!

잘 떨어지지 않는 입을 억지로 열어 가까스로 첫인사와 소개는 했는데, 이제 브래드를 데리고 학교로 가야 한다. 하지만 차 안에 흐르는 어색한 침묵……. 뭔가 말을 꺼내서 이 분위기를 부드럽게 해야 할 텐데……. 아니, 내가 지금 무슨 생각하는 거지? 그냥 조용히 입 다물고 있으면 중간은 가는데 언감생심 주제를 알아라, 어, 그런데 브래드는 뭔가 궁금한 듯이 나에게 뭔가를 물어볼 태세다. 이를 어떡하지? 그래, 알아듣지 못하는 질문이 나오기 전에 내가 먼저 말을 걸어 보자. 역시 나는 잔머리의 왕이야! ^^

 **기초 표현** 대화를 건넬 때

1. 한국에 온 것은 이번이 처음인가요?
   Is this your first time to Korea?
   이즈 디스 유어 퍼스트 타임 투 커리어
   ○ 여기서 time은 '시간, 때' 라는 의미보다는 반복을 나타낼 때 쓰는 '번' 이라는 뜻입니다.

2. 한국의 첫인상은 어때요?
   What was your first impression of Korea?
   왓 워즈 유어 퍼스트 임프레션 어브 커리어
   ○ What do you think of Korea?라고 말해도 비슷한 의미의 표현이 됩니다.

3. 한국 음식을 먹어 본 적이 있습니까?
   Have you ever tried Korean food?
   해브 유 에버 트라이드 커리언 푸드
   ○ 여기서 ever는 '한 번이라도 ~한 적이 있느냐?' 라는 뉘앙스를 더욱 풍기게 하는 말로 강조적인 의미를 나타냅니다.

4. 한국 음식은 좋아하세요?
   Do you like Korean food?
   두 유 라익 커리언 푸드

 ## 대화 표현의 활용

브래드는 어색한 분위기를 못 참겠다는 듯이 무슨 말을 하려 한다. 안돼! 재빨리 먼저 입을 떼는 나의 놀라운 순발력!

 **DIALOG**

동 수   Brad, **is this your first time to Korea?**
브래드   Yes, it is.
동 수   **What was your first impression of Korea?**
브래드   It's great! The weather is good and the people are very kind.
동 수   **Have you ever tried Korean food?**
브래드   Not yet, but I've heard about bibimbap.
동 수   Bibimbap is delicious. You should try it some day.

동 수   브래드, 한국에 온 것은 이번이 처음인가요?
브래드   예, 그래요.
동 수   한국의 첫인상은 어때요?
브래드   아주 좋아요! 날씨도 좋고 사람들도 매우 친절해요.
동 수   한국 음식은 먹어 봤나요?
브래드   먹어 보진 않았지만 비빔밥에 대해서는 들어 봤어요.
동 수   비빔밥 맛있죠. 언제 한번 꼭 먹어 보세요.

○ 잠깐 알고 갈까요?

처음 보는 사람과 아무 말 없이 한 장소에서 시간을 보내는 것은 무척 힘든 일입니다. 그런데 미국인들은 우리보다 더 그런 상황을 견디기 힘들어 합니다. 그래서 그들은 어떡하든지 대화를 해서 그 상황에서 벗어나고 싶어합니다. 이럴 때 보통 상대방이 받아서 더 이야기를 할 수 있는 것들이 좋은데 보통 날씨나 공통의 주제를 찾아 대화를 끌어가는 것이 좋습니다.

 ## 식성에 관한 표현

동수와 브래드가 식성에 대해 이야기한다면 …

1. 나는 매운 음식을 좋아합니다.
   I like hot food.
   아이 라익 핫 푸드
   > 맛을 표현할 때 '맵다'는 hot, '시다'는 sour, '달다'는 sweet, '짜다'는 salty, '순하다'는 mild flavored를 사용하면 됩니다.

2. 나는 기름기 있는 음식을 좋아하지 않습니다.
   I don't like oily food.
   아 돈 라익 오일리 푸드
   > '기름지다'는 oily, 또는 greasy라는 표현을 쓸 수 있습니다.

3. 나는 뭐든지 잘 먹습니다.
   I'll eat anything.
   아윌 잇 에니씽

4. 나는 음식을 가리는 편입니다.
   I'm kind of a picky eater.
   아임 카인드 어브 어 피키 이터
   > picky는 '까다롭게 구는, 법석대는' 이란 뜻입니다.

A _ What kind of food do you like?
B _ **I like hot food.**
A _ **I'm kind of a picky eater myself.** Fried food doesn't agree with me.
B _ I'll eat anything but oily food.

A_ 어떤 음식을 좋아하세요?
B_ 매운 것을 좋아합니다.
A_ 나는 음식을 가리는 편입니다. 튀긴 음식은 저하고는 맞지 않아요.
B_ 저는 기름진 음식 빼고는 잘 먹습니다.

대화 요청과 이야기에 대한 반응

대화 요청

1. 잠깐 뵐 수 있을까요?
   May I see you for a few minutes?
   메이 아이 씨 유 포- 러 퓨- 미닛츠

2. 어디 가서 이야기 좀 합시다.
   Let's go some place to talk.
   렛츠 고우 썸 플래이스 투 토-크

3. 시간 좀 있으신가요?
   Do you have a second?
   두 유 해 버 쎄컨드

4. 말씀드릴 게 있어요.
   I need to tell you something.
   아이 닛 투 텔 유 썸씽

이야기에 대한 반응

1. 정말이예요?
   Are you sure?
   아 유 슈어

2. 그래서 그렇게 된 거구나.
   That explains it all.
   댓 익스플레인즈 잇 올

3. 믿을 수 없는 이야기군요.
   It is an incredible story.
   잇 이즈 언 인크레더블 스토-리

4. 그런 말은 들어본 적이 없어요.
   I've never heard of such a thing.
   아이브 네버 허드 오브 써취 어 띵

5. 그 이야기가 돌아다닌 지는 꽤 됐습니다.
   The story has been around for a while.
   더 스토리 해즈 빈 어라운드 포 러 와일

03 교수님! 브래드를 소개합니다

학교에 도착해서 브래드를 이 교수님에게 넘기기만 하면 이 위기로부터 벗어날 수 있고 나의 회화실력도 공식적으로 인정받게 되겠지. 그러면 불행 끝, 행복 시작이야. Don't worry, be happy!라는 노래가 귀에 들리는 듯하다. 그런데 과사무실 후배의 말 한마디, "지도교수님께서 브래드라는 친구가 궁금하다며 지도교수님실로 곧바로 같이 오라고 하셨습니다" 꾸둥! 이제는 지도교수님 앞에서 내 실력이 들통나는구나! But, 여기서 그냥 주저앉을 수는 없어! 지금까지 어떻게 버텨 왔는데. 그래, 갈 때까지 가 보는 거야.

 **소개**

1. 브래드 조던을 소개할게요.
   I'd like you to meet Brad Jordan.
   아이드 라익 유 투 미잇 브랫 조던
   > 상대방에게 누군가를 소개할 때에는 I'd like you to ~., 또는 This is ~.라는 표현을 쓰면 됩니다.

2. 브래드, 이 분이 김 교수님입니다.
   Brad, this is Professor Kim.
   브랫 디스 이즈 프러페써 킴
   > 처음 만난 사람과 '만나서 반갑습니다'라는 말은 앞에서 배운 대로 Nice to meet you.라고 하면 되고 비지니스 관계나 격식이 있는 자리라면 How do you do?(처음 뵙겠습니다.)라는 표현을 쓸 수 있습니다.

3. 이 교수에게 당신 얘기를 많이 들었습니다.
   Professor Lee is always talking about you.
   프러페써 리 이즈 올웨이즈 토킹 어바웃 유

4. 만나 보고 싶었습니다.
   I've been wanting to meet you.
   아이브 빈 원팅 투 밋 유

 ## 대화 표현의 활용

카펫이 깔려 있어 주위의 소음이 모두 흡수되는 듯 조용한 지도교수님실! 내 목소리가 내 귀에 너무 또렷하게 들려 부담스럽다. 교수님 얘가 브래드랍니다.ㅜㅜ

 **DIALOG**

동 수 Professor, I'm here.
김 교수 So I see.
동 수 **Professor, this is Brad Jordan, Brad, this is Professor Kim.**
김 교수 Nice to meet you, Brad. I'm Professor Kim. I'm a friend of Professor Lee.
브 래 드 Nice to meet you, sir. It's an honor.
김 교수 **Professor Lee is always talking about you.**
브 래 드 I hope only good things.

    동 수 교수님, 저 왔습니다.
    김 교수 그래, 알았다.
    동 수 교수님, 이 친구가 브래드 조던 이예요. 브래드, 이 분이 김 교수님입니다.
    김 교수 만나서 반갑군, 브래드. 나는 이 교수의 동료인 김 교수라네.
    브 래 드 교수님, 만나 뵙게 되어 영광입니다.
    김 교수 이 교수에게 자네 얘기를 많이 들었지.
    브 래 드 모두 좋은 얘기였기를 바랍니다.

○ 잠깐 알고 갈까요?

미국인들에게도 분명히 윗사람에 대한 예절이 존재합니다. 소개를 하는 경우에도 윗사람에게 아랫사람을 먼저 소개시켜 준 후에 아랫사람에게 윗사람을 소개시켜 주는 것이 예의에 맞는 행동이랍니다.

 ## 직장에서의 소개

동수가 회사원이어서 사업차 방문한 브래드를 상사에게 소개한다면…

1. 조던 씨, 미스터 김을 소개하겠습니다.
   Mr. Jordan, I'd like to introduce you to Mr. Kim.
   미스터 조던 아이드 라익 투 인트러듀스 유 투 미스터 킴
   - 회사 직원을 소개할 때 미국에서는 부장, 과장이란 직책 대신 보통 Mr.나 Ms.를 붙여 소개합니다.

2. 미스터 김은 영업부의 책임자입니다.
   Mr. Kim is the director of the sales department.
   미스터 킴 이즈 더 디렉터 어브 더 쎄일즈 디파트먼트

3. 처음 뵙겠습니다, 미스터 조던 씨.
   How do you do, Mr. Jordan?
   하우 두 유 두 미스터 조던
   - How do you do?에 대한 대답은 역시 How do you do?라고 하면 됩니다.

4. 당신 만나기를 기대하고 있었습니다.
   I've been looking forward to meeting you.
   아이브 빈 룩킹 포워드 투 미팅 유
   - look forward to 다음에는 동사원형이 아니라 ing 형태가 온다는 것을 알아 두세요.

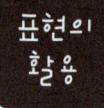

A _ Mr. Jordan, **I'd like to introduce you to Mr. Kim.**
B _ **How do you do, Mr. Kim?**
C _ How do you do, Mr. Jordan? I've been looking forward to meeting you.

A _ 조던 씨, 미스터 김을 소개하겠습니다.
B _ 처음 뵙겠습니다, 미스터 김.
C _ 처음 뵙겠습니다, 조던 씨. 당신 만나 뵙기를 기대하고 있었습니다.

소개와 통성명

일행소개와 자기소개

1. 두 사람 전에 서로 인사하신 적이 있나요?
   Have you two met before?
   해브 유 투 멧 비포

2. 브라운 씨, 제 친구 민호를 소개하겠습니다.
   Mr. Brown, let me introduce my friend Minho to you.
   미스터 브라운 렛 미 인트러듀-스 마이 프렌드 민호 투 유

3. 이쪽은 제 친구인 민호입니다.
   This is Minho, a friend of mine.
   디스 이즈 민호 어 프렌드 오브 마인

4. 제 소개를 하겠습니다.
   Let me introduce myself.
   렛 미 인트러듀-스 마이셀프

5. 저는 기획부에서 근무하고 있습니다.
   I work in the Planning Department.
   아이 워-크 인 더 플래닝 디파-트먼트

통성명

1. 우린 아직 통성명도 하지 않았죠?
   We haven't met yet, have we?
   위 해븐트 멧 옛 해브 위

2. 이름을 알 수 있을까요?
   May I have your name, please?
   메이 아이 해 뷰어 네임 플리즈

3. 토머스라고 부를까요, 탐이라고 부를까요?
   Do you want to be call Thomas or Tom?
   두 유 원 투 비 콜 토머스 오어 탐

4. 저는 토머스입니다. 그냥 탐이라고 부르세요.
   I'm Thomas. Just call me Tom.
   아임 토머스 저스트 콜 미 탐

이 교수님과 브래드의 오랜만의 만남

지도교수님 앞이라 긴장하여 더 떠듬거린 거 같은데 그래도 무난하게 넘겼으니 다행이다. 이제 과 사무실로 가서 조금 있다가 집에 가면 되는구나. 정말 힘든 하루였어. 바로 그 순간 등장하는 이 교수님! 브래드를 보자마자 좔좔좔 영어를 쏟아낸다. 지도교수님은 옆에서 브래드와 이 교수님이 무슨 대화를 하는지 궁금하다는 표정으로 나를 쳐다본다. 나를 쳐다보지 마세요! 교수님! 너무 부담스러워요…….

 **오랜만의 만남**

1. 오랜만입니다.
   ### Long time no see.
   롱 타임 노 씨
   - 만약에 '이게 누구야!' 라는 말을 하고 싶다면 Look, who's here!라는 표현을 쓰면 됩니다.

2. 어떻게 지내셨어요?
   ### How have you been?
   하우 해브 유 비인

3. 당신 본 지가 꽤 오래됐군요.
   ### I haven't seen you in a while.
   아이 해븐트 씨인 유 인 어 와일
   - 비슷한 표현은 I haven't seen you in ages., It's been a long time. 등이 있습니다.

4. 당신은 항상 그 모습 그대로군요.
   ### You always look the same.
   유 올웨이즈 룩 더 쎄임
   - 위 표현과 반대로 '너, 참 많이 변했다' 라는 말을 한다면 You really have changed a lot.이라는 표현을 쓰면 됩니다.

 ## 대화 표현의 활용

오랜만에 브래드를 본 이 교수님. 평소에 영어를 쓰지 못한 게 한이라도 된 듯이 큰 제스처로 브래드와 대화를 한다.

 ### DIALOG

이 교수	Hey, Brad! **Long time no see!**
브래드	It's been a long time, Professor Lee. **How have you been?**
이 교수	Pretty good. And you?
브래드	Fine, thank you.
이 교수	What are you up to nowadays?
브래드	Nothing special, sir.
이 교수	It's been a few years since we last saw each other.

이 교수	어이, 브래드! **오랜만이다!**
브래드	오랜만에 뵙습니다, 이 교수님. **어떻게 지냈셨어요?**
이 교수	잘 지냈지. 자네는 어떤가?
브래드	저도 잘 지냈습니다.
이 교수	요즘 뭘 하면서 지내나?
브래드	특별한 것은 없습니다, 교수님.
이 교수	우리 서로 본 지가 꽤 오래됐군.

○ 잠깐 알고 갈까요?

privacy space 라는 이야기를 들어보셨는지요? 미국인들은 어렸을 때부터 독방을 쓰며 자라서 그런지 우리보다 개인 공간 개념이 큽니다. 그래서 우리 나라 사람이 바짝 다가가서 이야기하면 그들은 어색해 하며 불편해 합니다.

다른 사람의 안부

브래드가 이 교수님에게 다른 사람의 안부를 묻는다면…

1. 가족들은 안녕하시죠?
   ### How's your family?
   하우즈 유어 패밀리
   - ~는 어때요?' 하고 사람이나 사물의 상태를 물을 때 How 다음에 be동사를 쓰면 됩니다.

2. 모두 잘 지냅니다.
   ### They are all very well.
   데이 아 올 베리 웨엘

3. 당신 아들은 어떻게 지내요?
   ### How's your son doing?
   하우즈 유어 썬 두잉

4. 당신 가족에게 안부 전해 주세요.
   ### Please say hello to your family for me.
   플리즈 쎄이 헬로우 투 유어 패밀리 포 미
   - '~에게 안부를 전해 주세요.' 라는 표현은 Say hello to ~.라고 표현할 수 있습니다.

A _ **How's your family?**
B _ **They are all very well.**
A _ **Please say hello for me.**
B _ **Of course, I will.**

A _ 가족들은 안녕하시죠?
B _ 그들 모두 잘 지내고 있지.
A _ 안부 전해 주세요.
B _ 꼭 전해 줄게.

오랜만의 만남과 안부

오랜만의 만남

1. 정말 오래간만에 뵙는군요.
   I haven't seen you for ages.
   아이 해븐트 씬 유 포 에이쥐즈

2. 이게 얼마 만입니까?
   How long has it been?
   하우 로옹 해즈 잇 비인

3. 저는 당신을 많이 보고 싶었습니다.
   I've missed you so much.
   아이브 미스트 유 쏘우 머취

4. 나는 당신 소식이 궁금했습니다.
   I was wondering about you.
   아이 워즈 원더링 어바웃 유

5. 당신 몰라보게 변했네요.
   You've changed beyond all recognition.
   유브 췌인쥐드 비얀드 올 레커그니션

안부

1. 모두들 잘 지내시나요?
   How's everyone getting along?
   하우즈 에브리원 게팅 얼롱

2. 요즘 그 사람은 어떻게 지내는데?
   How's he doing these days?
   하우즈 히 두잉 디즈 데이즈

3. 그를 항상 생각하고 있다고 전해 주세요.
   Tell him I'm thinking of him.
   텔 힘 아임 씽킹 어브 힘

4. 샐리씨가 당신에게 안부를 전하더군요.
   Ms. Sally sends her regards to you.
   미즈 샐리 쎈즈 허 리가즈 투 유

05 휴, 고생 끝이다. 잘 가! 브래드.

인간은 위급한 경우 자기 힘의 30배까지 끌어올릴 수 있다고 했던가? 오늘 내가 내 두뇌 능력의 30배까지 끌어 쓴 것 같다. 너무 힘들어 기운이 하나도 없고 얼굴이 하루 새에 10년은 더 먹은 것 같은 생각이 든다. 지친 몸과 마음을 이끌고, 과사무실에서 커피를 마시며 큰 일 후의 허탈감을 달래고 있는데, 공포 영화는 끝났을 때 조심해야 한다고 했나? 항시 마지막에 귀신이나 괴물이 다시 한번 벌떡 일어나니까……. 과사무실로 들어오는 내가 아는 유일한 외국인 브래드! 쑥 훑어보더니 내게로 다가온다.

작별 인사

1. 잘 가요!
   ### Good-bye!
   굿-바이
   - 친구와 같이 격의 없는 사이라면 Bye!라고 말해도 됩니다.

2. 또 봐요!
   ### See you later.
   씨 유 레이터
   - See you 뒤에 몇 가지 단어를 붙여 여러 가지 표현을 만들 수 있습니다. 예를 들어 '내일 보자' 는 See you tomorrow., '다음에 보자.' 는 See you next time.이라고 표현할 수 있습니다.

3. 조만간에 또 만나기를 바랍니다.
   ### I hope we meet again soon.
   아이 호프 위 밋 어겐 수운

4. 이제 가 봐야 할 것 같습니다.
   ### I think I have to go now.
   아이 씽크 아이 햅 투 고우 나우

 대화 · 표현의 활용

브래드가 작별 인사를 하려나 보다. 작별 인사 그까이거 그냥 대충 Goodbye! 하면 되지 뭐 별거 있겠냐? 역시 공포 영화 마지막에 벌떡 일어나는 귀신은 약하다니까!

 DIALOG

브래드	I came to say good bye. Thank you for your help today.
동 수	No problem. Call me anytime if you need help.
브래드	**Well, I hope we meet again soon.**
동 수	I'm sure we will.
브래드	Well, thanks again.
동 수	Okay. **See you later.**

브래드	인사하러 들렀습니다. 오늘 도와 줘서 감사합니다.
동 수	언제든지요. 도움이 필요하면 언제라도 불러 주세요.
브래드	**조만간에 또 만났으면 좋겠네요.**
동 수	그렇게 될 거에요.
브래드	다시 한번 감사드립니다.
동 수	네. **다음에 봐요.**

● 잠깐 알고 갈까요?

영화나 드라마에서 보면 헤어질 때 Stay cool! 이란 말을 가끔 쓰는 것을 볼 수 있는데 cool 은 '시원하다' 란 뜻 외에 '멋있다' 라는 뜻도 있습니다. Stay cool 을 직역하면 '계속 멋있어 라' 는 말로 이 말 안에는 여태까지 너는 멋있었다라는 뜻도 내포하고 있습니다.

연락 희망

동수가 브래드에게 연락하고 지내자는 말을 한다면…

1. 연락하고 지내죠.
   Let's keep in touch.
   렛츠 키 핀 터취
   - Let's는 '~합시다' 라는 뜻이고 Keep in touch는 '연락하세요., 편지 주세요.' 라는 표현입니다.

2. 다시 만날 수 있습니까?
   Can I see you again?
   캔 아이 씨 유 어겐

3. 가끔 놀러 오세요.
   Please come and see me once in a while.
   플리즈 컴 앤 씨 미 원스 인 어 와일
   - once in a while은 '가끔, 때때로' 라는 표현입니다.

4. 우리 좀 더 자주 만나요.
   We should get together more often.
   위 슈드 겟 터게더 모어 오픈

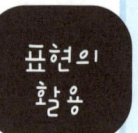

A _ **Let's keep in touch.** I'd like to see you again.
B _ Call me anytime.
A _ O.K. I will.
B _ I look forward to your call.

A _ 계속 연락하고 지내죠. 나중에 다시 만나고 싶습니다.
B _ 언제든지 전화하세요.
A _ 그럴게요.
B _ 전화 기다리고 있겠습니다.

 ## 작별 인사와 연락 희망

작별 인사

1. 안녕! 내일 봐요.
   Good bye! See you tomorrow.
   굳바이 씨 유 터마-로우

2. 가봐야겠어요.
   I guess I'll leave.
   아이 게스 아윌 리브

3. 살펴가세요.
   Take care of yourself.
   테익 케어 어브 유어쎌프

4. 얘기 즐거웠어요.
   I enjoyed talking with you
   아이 인조이드 토킹 윗 유

5. 여기서 작별인사를 해야겠군요.
   I'll say goodbye here.
   아윌 쎄이 굿바이 히어

연락 희망

1. 연락 드릴게요.
   I'll be in touch.
   아윌 비 인 터치

2. 토요일에 봐요.
   See you on Saturday.
   씨 유 언 쌔러데이

3. 나중에 전화 주세요.
   Give me a call later.
   깁 미 어 콜 레이터

4. 조만간에 또 만납시다.
   Let's get together again soon.
   렛츠 겟 터게더 어겐 수운

연습문제

1
- A _ Hello. 저는 이수진입니다. I'm your neighbor.
- B _ Hello. I'm Sally.
- A _ 만나서 반갑습니다.
- B _ Nice to meet you, too.

> A _ 안녕하세요. **I'm Sujin Lee.** 당신 옆집에 살고 있어요.
> B _ 안녕하세요. 저는 샐리입니다.
> A _ **Nice to meet you.**
> B _ 저 역시 만나서 반갑습니다.

2
- A _ John, 한국에 온 것은 이번이 처음인가요?
- B _ No, this is my second time to Korea.
- A _ Then you must have tried Korean food before. 한국 음식은 좋아하세요?
- B _ Of course. Bulgogi is my favorite.

> A _ 존, **Is this your first time to Korea?**
> B _ 아니요, 이번이 두 번째 온 거에요.
> A _ 그럼 한국 음식을 먹어 봤겠군요. **Do you like Korean food?**
> B _ 그럼요. 불고기가 가장 내 입맛에 맞아요.

3
A _ 이 분이 내 영어 선생님이야.
B _ Hello. Nice to meet you.
C _ Nice to meet you, too.
B _ I'm always trying to learn English from native speakers.
C _ Maybe, I can help you.

> A _ This is my English teacher.
> B _ 안녕하세요. 만나서 반갑습니다.
> C _ 저 또한 만나서 반갑습니다.
> B _ 저는 항상 본토 사람에게 영어를 배웠으면 했습니다.
> C _ 어쩌면 제가 도와 드릴 수 있겠군요.

4
A _ Hi, Jennifer. 오랜만이에요.
B _ Hi, Sujin. 어떻게 지냈어요?
A _ Pretty good. When did you get here?
B _ Just now.

> A _ 안녕하세요, 제니퍼. Long time no see.
> B _ 안녕하세요, 수진. How have you been?
> A _ 잘 지냈어요. 언제 왔어요?
> B _ 방금 왔어요.

5
A _ I hope you had a great time.
B _ Thanks to you, I've enjoyed my time in Korea.
A _ 조만간에 또 만나기를 바랍니다.
B _ I am sure we will. 잘 있어요!

> A _ 좋은 시간이 되셨기를 바랍니다.
> B _ 덕분에 한국에서 즐거운 시간을 보냈습니다.
> A _ I hope to see you again soon.
> B _ 그렇게 될 겁니다. Good bye!

기초 표현

만남과 인사

초대와 약속

감정의 표현

의견 말하기

얼마나 피곤한 하루였는지 자고 일어났는데도 뒷골이 땡기는 듯하다. 그렇지만 결국 어려운 고비들을 잘 넘겨버리다니… 난 역시 대단한 놈이야! 학교에 가니 왠지 나를 쳐다보는 시선들이 달라 보이고 걸음도 땅위를 걷는 게 아니라 스펀지를 밟는 것처럼 이상하다.

혼자만의 over인가? 라고 생각도 했지만 지도교수님이 "자네 긴가민가했었는데 대단한데? 역시 요즘 젊은이들은 겉으로만

Chapter 02
초대와 약속

판단해서는 안 되는군"이라는 칭찬에 새삼 기분이 삼삼하다.
  그런데 갑자기 교수님께서 "그래서 말인데 이 교수님께서 브래드가 머무는 3개월 동안 자네가 특별히 신경 좀 써 주었으면 하시네." 엥? 간단한 인사, 소개는 어찌 하더라도 3개월 동안 같이 뭘 하라는 거지? 이제는 정말 말해야만 한다, 진실을! 그러나 나도 모르게 튀어 나오는 영어 한마디, "OK! No problem!"

01 브래드를 집으로 초대하다!

특별히 리포트까지 면해 주시니 이제 빼도 박도 못하는 신세! 어떻게 해야 브래드와 3개월을 무사히 보낼 수 있을까? 이 때 군대에서 자주 되뇌었던 말이 번쩍 생각난다. "피할 수 없으면 즐겨라!" 그래, 어차피 저질러 놓은 일, 이번 기회에 아예 우리 집에 초대하자. 그러면 브래드와 쉽게 친해져서 작은 실수는 그냥 넘어가겠지. 그런데 초대하려면 어떻게 얘기해야 하지? 또 뭘 준비해야 하지? 에라, 모르겠다. 매운 김치에 쓴 소주주고 한국 문화라고 박박 우기면 되지 뭐.

 초대

1. 이번 토요일에 시간이 있습니까?
   Do you have time this Saturday?
   두 유 해브 타임 디스 쌔러데이?
   - 상대방에게 '언제 시간이 있습니까?' 라고 묻는 표현은 Do you have time ~?, Are you free ~? 등이 있습니다.

2. 이번 토요일에 우리 집에 오시겠습니까?
   Would you like to come to my house this Saturday?
   우 쥬 라익 투 컴 투 마이 하우스 디스 쌔러데이?
   - Would you like to ~?는 '~하시겠습니까?' 라는 표현으로 초대할 때 쓸 수 있는 표현입니다.

3. 당신을 우리 집에 초대하고 싶어요.
   I'd like to invite you to my house.
   아이드 라익 투 인바이트 유 투 마이 하우스.

4. 고마워요. 그렇게 할게요.
   Thank you. I'd love to.
   땡 큐 아이드 럽 투.
   - '초대해 줘서 고맙다' 라는 말은 Thank you for the invitation.이라고 표현하면 됩니다.

대화 — 표현의 활용

브래드! 기왕 한국에 온 김에 진하게 한국적으로 한번 놀아 볼텨? 그럴려면 우리 집에 한번 놀러 와라!

DIALOG

동 수	Hello, Brad. **Do you have time this Saturday?**
브래드	I think so. Why do you ask?
동 수	If you have time, **I'd like to invite you to my house.**
브래드	Thank you. I'd love to see your place. What time should I be there?
동 수	How about dinner at 6 o'clock?
브래드	Ok. I will see you then on Saturday.

동 수	안녕하세요, 브래드. 이번 토요일에 시간 있으세요?
브래드	아마도요. 왜 물으시죠?
동 수	시간이 있으시면 우리 집에 초대하고 싶습니다.
브래드	고마워요. 나도 당신이 사는 곳을 보고 싶어요. 몇 시에 가면 될까요?
동 수	6시에 저녁식사 어때요?
브래드	좋아요 토요일 6시에 보죠.

● 잠깐 알고 갈까요?

미국인을 집에 초대해서 한참 재미있는 시간을 보내고 있는데 갑자기 이 사람이 I wear out your welcome.이라고 한다면 이 말은 무슨 뜻일까요? 직역하면 '나는 너의 환영을 다 닳아 없어지게 했다.'인데 정확한 의미는 '너무 오래 머물러 있었다. 이제는 가야 할 때다.' 라는 표현입니다.

 ## 초대에 응 할 수 없을 때의 표현

브래드가 초대에 응할 수 없다면…

1. 미안하지만, 다른 계획이 있습니다.
   I'm sorry, but I already have plans.
   아임 쏘리 벗 아이 얼레디 해브 플랜즈
   ○ 상대방의 초대에 응할 수 없다면 I'm sorry.라고 말한 다음 이유를 말하면 됩니다.

2. 미안하지만, 선약이 있습니다.
   Sorry, but I have a previous appointment.
   쏘리 벗 아이 해 버 프리비어스 어포인트먼트
   ○ 약속이란 말은 promise와 appointment가 있는데 어떤 일을 한다든가 또는 하지 않는다든가 할 때 하는 약속은 promise, 회합 · 방문 · 진료 등의 약속은 appointment라는 단어를 사용합니다.

3. 그 날은 곤란합니다.
   That's a bad day for me.
   댓츠 어 뱃 데이 포 미

4. 다음에 가죠. 어쨌든 고마워요.
   Maybe some other time. Thank you anyway.
   메이비 썸 어더 타임 땡 큐 에니웨이

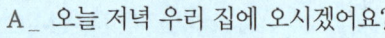

A _ Would you like to come to my house tonight?
B _ **I'm sorry, but I already have plans.**
A _ How about tomorrow?
B _ Sorry, I have a previous engagement. Maybe some other time.

A _ 오늘 저녁 우리 집에 오시겠어요?
B _ **죄송하지만 다른 계획이 있습니다.**
A _ 내일은 어때요?
B _ 죄송합니다, 선약이 있습니다. 다음에 가죠.

초대와 답변

초대

1. 이번주 토요일 저녁에 시간있나요?
   Are you free this Saturday evening?
   아 유 프리 디스 쎄러데이 이브닝

2. 제 초청을 받아 주시겠습니까?
   Would you care to be my guest?
   우 쥬 케어 투 비 마이 게스트

3. 윌과 나는 오늘밤 만나기로 했어요. 같이 만날래요?
   Will and I are getting together tonight. Do you want to join us?
   윌 앤 아이 아 게링 터게더 터나잇 두 유 원 투 조인 어스

4. 아내와 아이들도 데려 오세요.
   Bring your wife and children, too.
   브링 유어 와이프 앤드 췰드런 투우

초대에 대한 답변

1. 초대해 주셔서 고맙습니다.
   Thank you for inviting me.
   땡 큐 포 인바이링 미

2. 기대가 되는군요.
   I'm looking forward to it.
   아임 룩킹 포워드 투 잇

3. 제가 뭐 가져갈 것 없나요? 뭐가 필요하십니까?
   Should I bring anything? What do you need?
   슈드 아이 브링 에니띵 왓 두 유 니드

4. 미안하지만 갈 수 없을 것 같아요.
   Sorry, but I'm afraid I can't.
   쏘리 벗 아임 어프레이드 아이 캔트

5. 초대는 고맙습니다만 시간이 없을 것 같네요.
   I don't have the time, but thanks anyway.
   아이 돈 햅 더 타임 벗 땡스 애니웨이

02 브래드, 우리 집에 온 것을 **환영**한다!

드디어 오늘 브래드가 우리 집에 온다. 부모님도 집 안에 외국인을 초대하는 것은 처음이라 긴장을 조금 하시는 것 같다. 그런데 갑자기 아버님 말씀, "우리 동수가 매번 영어회화 배운다고 돈 타갈 때마다 미심쩍어 했는데 정말 열심히 공부했나 보구나." 흐뭇해 하시는 표정. 뜨악!!! 아버지 앞에서 내 실력 뽀록나면 몽둥이 찜질감이라는 걸 왜 생각 못 했는지……. 생각하기도 싫은 우리 아버지의 실망하는 표정과 그 뒤를 따르는 폭력이 자꾸 상상이 되는 것은 왜 일까?

 손님맞이

1. 어서 들어오세요.
   Please, come in.
   플리즈 컴 인

2. 코트 이리 주세요.
   Let me take your coat.
   렛 미 테익 큐어 코오트
   - 상대방에게 도움을 주거나 또는 '내가 ~하게 해 줘.' 하고 말할 때 Let me ~.라는 표현을 쓸 수 있습니다.

3. 마실 것 좀 드시겠어요?
   Would you like a drink?
   우 쥬 라이커 드링크
   - 상대방에게 '~하시겠어요?' 하고 권유를 할 때에는 Would you like ~?라는 표현을 쓸 수 있습니다.

4. 당신 집처럼 편히 생각하세요.
   Please make yourself at home.
   플리즈 메익 큐어셀프 앳 홈

 **표현의 활용**

학교에서 실력이 들통나면 창피한 거로 끝나지만 집에서 진실이 밝혀진다면 나는 죽음이야. 호랑이 굴에 끌려가도 정신만 바짝 차리면 살아난다고 했지?

 DIALOG

동 수 Welcome to my home.
브래드 Thank you for inviting me.
동 수 Not at all. **Please come in.**
브래드 You have a nice place here.
동 수 Thank you. **Make yourself at home. Would you like a drink?**
브래드 May I have some water, please?
동 수 Sure.

동 수 저희 집에 온 것을 환영합니다.
브래드 초대에 감사합니다.
동 수 천만에요. 어서 들어오세요.
브래드 집이 좋네요.
동 수 고마워요. 당신 집처럼 편히 생각하세요. 마실 거라도 드릴까요?
브래드 물 한 잔 마셔도 될까요?
동 수 그럼요.

 ## 음식 접대

동수가 브래드에게 음식을 접대한다면…

1. 식사가 준비됐습니다. 식당으로 가시죠.
   Dinner's ready. Let's move to the dinning room.
   디너즈 레디 렛츠 무브 투 더 다이닝 룸

2. 마음껏 드세요.
   Help yourself, please.
   헬 퓨어셀프 플리즈
   - Help oneself는 '~하고 싶은 대로 하세요.' 라는 뜻으로 식사할 때 이 표현을 쓰면 '마음껏 드세요.' 라는 말이 됩니다.

3. 천천히 드세요.
   Take your time eating.
   테이 큐어 타임 이팅
   - 상대방에게 어떤 일을 서두르지 말고 천천히 하라고 말할 때에는 Take your time.이라는 표현을 쓸 수 있습니다.

4. 이 음식 좀 드셔 보세요.
   Try some of this.
   트라이 썸 어브 디스
   - 상대방에게 '~을 해 보세요.' 라고 말할 때에는 try라는 동사를 쓰면 됩니다. Why don't you try some of this?라고 쓰면 더 부드럽고, 손윗사람에게 적당합니다.

A _ **Dinner's ready. Let's move to the dinning room.**
B _ It looks delicious.
A _ **Help yourself.** Try some of this.
B _ Thanks very much.

A _ 식사가 준비됐습니다. 식당으로 가시죠.
B _ 맛있어 보이는군요.
A _ 마음껏 드세요. 이 음식 좀 드셔 보세요.
B _ 고마워요.

 ## 손님 맞이와 음식 접대

손님 맞이

1. 저희 집에 오신 걸 환영합니다.
   Welcome to my home.
   웰컴 투 마이 호움

2. 여기에 앉으세요.
   Please take a seat, here.
   플리-즈 테이 커 씨잇 히어

3. 와 주셔서 정말 기쁩니다.
   I'm so glad you could come.
   아임 쏘우 글랫 유 쿠드 커엄

4. 집 구경 좀 해도 될까요?
   Do you mind if I look around your house?
   두 유 마인드 이프 아이 룩 어라운드 유어 하우스

5. 집 구경을 시켜드릴게요.
   I'll take you on a tour of the house.
   아윌 테이 큐 온 어 투어 오브 더 하우스

음식 접대

1. 맛이 어때요?
   How does it taste?
   하우 더즈 잇 테이스트

2. 모든 게 맛있어 보이는데요.
   Everything looks delicious.
   에브리띵 룩스 딜리셔스

3. 더 드세요.
   Please have seconds.
   플리-즈 해브 세컨즈

4. 필요하신 게 있으면 말씀하세요.
   Let me know if you need anything.
   렛 미 노우 이프 유 니-드 에니띵

03 브래드의 가족을 궁금해 하시는 아버지

휴! 공포 속에서도 간신히 브래드를 잘 맞이하여 부모님과 거실에 함께 앉았다. 부모님, 특히 아버지는 초등학교 3학년 이후로 처음 보는, 우리 아들 장하다는 표정으로 나를 보신다. 아이고, 아부지! 제가 불효자식입니다. 그런데 아버지 브래드를 보며 "자네 아버님은 뭐 하시나?"라고 묻는다. '참, 아버지도 브래드는 한국말 몰라요.'라고 말하려고 하는데 아버지 눈이 나에게 말을 한다. "뭐 하고 있어?"라고……. 우씨! 아부지, 미워!!!

 가족

1. 당신 가족에 대해 말해 줄래요?
   Can you tell me about your family?
   캔 유 텔 미 어바웃 유어 패멀리
   ◎ 상대방에게 어떤 정보를 얻고 싶을 때에는 Can you tell me ~?라는 표현을 쓸 수 있습니다.

2. 형제나 누이는 있습니까?
   Do you have any brothers or sisters?
   두 유 햅 에니 브라더즈 오어 씨스터즈

3. 부모님과 같이 사나요?
   Do you live with your parents?
   두 유 리브 윗 유어 패런츠

4. 당신 아버지는 뭐 하세요?
   What does your father do?
   왓 더즈 유어 파더 두
   ◎ 상대방의 직업을 물을 때에는 What do you do (for a living)?이라는 표현을 쓸 수 있습니다. 비슷한 표현으로 What's your job?이 있지만 너무 직접적인 표현입니다.

 **대화 표현의 활용**

"아버지! 브래드 아버지가 뭐하시든 그게 아버지하고 무슨 상관이에요?"라고 말하고 싶지만 주먹이 두려우니 꾹 참을 수밖에······.

 **DIALOG**

동 수	My father wants to know what your father does.
브래드	My father is a high school teacher.
동 수	**Can you tell me about your family?**
브래드	Well, I'm an only son.
동 수	Your parents must miss you very much.
브래드	Yes, they do, and I also miss them, too.

동 수	아버지가 당신의 아버지께서 무엇을 하시는지 알고 싶어하십니다.
브래드	아버지는 고등학교 선생님이십니다.
동 수	**가족에 대해 이야기해 주시겠어요?**
브래드	전 외동아들입니다.
동 수	부모님께서 많이 보고 싶어하시겠습니다.
브래드	예, 그렇습니다. 그리고 저 역시 부모님이 많이 보고 싶습니다.

● **잠깐 알고 갈까요?**

외국인을 초대해서 음식을 대접할 때 연체류 요리는 주의해서 준비해야 합니다. 구약성경 레위기에는 '물에 사는 것 중 지느러미와 비늘이 없는 것은 부정하다.'라는 구절이 있는데 그래서 그런지 서양인들은 연체류 요리를 먹지 않습니다. 단, 요리 문화가 발달한 프랑스나 이탈리아, 그리스 정도에 조금 연체류 요리가 있는 정도입니다.

 ## 가족(결혼한 경우)

브래드가 결혼했다면…

1. 자녀는 몇 명이에요?
   How many children do you have?
   하우 매니 췰드런 두 유 해브
   - '얼마나 많이 ~' 라는 표현을 할 때 셀 수 있는 것을 물을 때는 How many ~?, 셀 수 없는 것을 물을 때는 How much ~?라는 표현을 쓸 수 있습니다.

2. 세 살 된 딸이 하나 있습니다.
   I have a three-year-old daughter.
   아이 해 버 뜨리-이어-오울드 도-터

3. 아들 하나와 딸 하나가 있습니다.
   I have a boy and a girl.
   아이 해 버 보이 앤드 어 거얼

4. 아이들은 아직 없습니다.
   We don't have any children yet.
   위 돈 해브 에니 췰드런 옛
   - any는 부정문에서 명사 앞에 붙어 '조금도, 아무 것도' 라는 뜻이 됩니다.

A _ I'm married to a wonderful woman.
B _ **How many children do you have?**
A _ Just one, a three-year-old daughter.
B _ I'm sure she is very pretty.

A _ 저는 멋진 아내가 있습니다.
B _ **자녀는 몇이나 있나요?**
A _ 세 살 된 딸이 하나 있습니다.
B _ 분명 예쁠 것이라고 확신합니다.

가족과 자녀

가족

1. 가족은 몇 분이나 됩니까?
   How many people are there in your family?
   하우 매니 피플 아 데어 인 유어 패멀리

2. 우리 식구는 3명입니다.
   There are three in my family.
   데어 아 쓰리 인 마이 패멀리

3. 저는 막내입니다.
   I'm the youngest in the family.
   아임 더 영거스트 인 더 패멀리

4. 저는 부모님과 같이 살지 않습니다.
   I live away from my parents.
   아이 리브 어웨이 프럼 마이 패런츠

5. 저는 독자입니다.
   I'm an only child.
   아임 언 온리 차일드

자녀

1. 저는 아이들을 많이 두고 싶습니다.
   I want to have a big family.
   아이 원 투 해브 어 빅 패멀리

2. 저희는 아이를 가질 생각입니다.
   We're thinking of having children.
   위어 씽킹 어브 해빙 췰드런

3. 가족들이 그립습니다.
   I feel homesick for my family.
   아이 필 홈씩 포 마이 패멀리

4. 저는 아이들에게 꽤 엄합니다.
   I'm very strict with my children.
   아임 베리 스트릭트 윗 마이 췰드런

04 사적인 질문을 해도 될까?

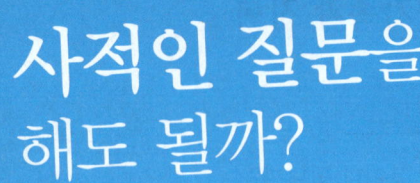

부모님이 안방으로 가신 후 브래드와 단 둘이 있게 됐다. 사실 브래드를 몇 번 만났지만 브래드에 대해 아는게 없다. 나이는 몇 살이고, 여자 친구는 있는지 등등. 혹시 결혼해서 애가 있는 것은 아닐까? 조금 궁금해진다. 내가 듣기로는 미국인들은 이런 질문들을 싫어한다던데……. 괜히 물어봤다가 더 어색해지는 것은 아닐까? 하지만 여긴 한국이잖아? 이 정도 만났으면 이런 질문들은 당연한 거 아닌가? 정색만 해 봐라. "브래드, 우리 같이 샤워하자! 내가 등 밀어 줄게!"라고 말해 버려야지!!!

 **사적인 질문**

1. 사적인 질문을 해도 될까요?
May I ask you some personal questions?
메이 아이 에스 큐어 썸 퍼스널 퀘스쳔
- 상대방에게 '~해도 될까요?' 하고 허락을 구할 때는 May I ~?라는 표현을 쓰면 됩니다.

2. 나이를 물어봐도 될까요?
May I ask you how old you are?
메이 아이 에스 큐 하우 오올드 유 아
- 만일 상대방이 나이에 비해 젊어 보인다면 You look young for your age.라는 표현을 쓸 수 있습니다.

3. 여자친구는 있어요?
Do you have a girl friend?
두 유 해 버 거얼 프렌드

4. 언제 결혼할 예정입니까?
When do you plan on getting married?
웬 두 유 플랜 언 게팅 메어리드

 **표현의 활용**

사실 이런 질문 하면 안 된다는 이야기를 자주 듣긴 했지만 에이 뭐, 그래도 궁금한 거는 못 참는 게 나 인간 박동수 아니겠어?

DIALOG

동 수 **May I ask you some personal questions?**
브래드 What would you like to know?
동 수 **May I ask you how old you are?**
브래드 I'm 25 years old.
동 수 I'm 24 years old. I thought you were younger than me.
브래드 I must thank you for that.

    동 수 사적인 질문을 해도 될까요?
    브래드 어떤 것을 물어보고 싶으세요?
    동 수 나이를 알려 주실 수 있으세요?
    브래드 저는 25살입니다.
    동 수 저는 24살입니다. 저는 저보다 어린 줄 알았어요.
    브래드 그렇게 봤다니 감사하네요.

○ 잠깐 알고 갈까요?

앞에서 언급한 것처럼 미국인들은 우리에 비해 말이 많은 편이지만, 사적인 질문을 하는 것은 좋아하지 않습니다. 애인이 있나?, 애인을 사랑하나?, 봉급이 얼마인가? 등등은 우리가 생각할 때 어느 정도 안면이 생긴 경우 아무렇지 않은 질문이죠? 그런데 그들은 프라이버시라고 생각합니다.

 ## 학교에 대한 질문

동수와 브래드가 학교에 대해 이야기한다면…

1. 어느 학교를 다니세요?
   Where do you go to school?
   웨어 두 유 고우 투 스쿠울
   - '학교에 다니다' 라고 할 때에는 go to school이라는 표현을 쓰면 됩니다.

2. UCLA에 다닙니다.
   I go to UCLA.
   아이 고우 투 유씨엘에이

3. 전공이 무엇입니까?
   What is your major?
   왓 이 쥬어 메이줘
   - '~을 전공하고 있어요.' 는 I'm majoring in ~.라고 말하면 됩니다.

4. 몇 학년입니까?
   What year are you ?
   왓 이어 아 유
   - '대학교 1학년은 freshman, 2학년은 sophomore, 3학년은 junior, 4학년은 senior라고 표현합니다.

A _ **Where do you go to school?**
B _ I go to UCLA, and my major is modern literature.
A _ **What year are you?**
B _ I'm a senior.

A _ 학교는 어디를 다니시나요?
B _ UCLA를 다니고 제 전공은 현대문학입니다.
A _ 몇 학년입니까?
B _ 4학년입니다.

출신지와 신체

출신지

1. 어디 출신이세요?
   Where are you from?
   웨어 아 유 프러엄

2. 캐나다 에서 왔습니다.
   I'm from Canada.
   아임 프럼 캐너더

3. 자란 곳은 어디입니까?
   Where did you grown up?
   웨어 디 유 그로운 업

4. 서울에는 얼마 동안 사셨어요?
   How long have you lived in Seoul?
   하우 로옹 해브 유 리이브드 인 서울

5. 나는 2년 동안 한국에 있었습니다.
   I have been in Korea for two years.
   아이 해브 빈 인 커리어 포 투 이어즈

신체

1. 키가 얼마나 됩니까?
   How tall are you?
   하우 톨 아유

2. 체중이 얼마나 나갑니까?
   How much do you weight?
   하우 머취 두 유 웨이트

3. 몸매가 좋으시네요.
   You're in good shape.
   유어 인 굳 쉐잎

4. 어떻게 몸매를 유지하세요?
   How do you keep in shape?
   하우 두 유 키 핀 쉐잎

05 필요한 것 있으면 부탁만 해!
다 들어줄게 하지만…

알고 보니 브래드가 나보다 한 살 많네. 그럼 한국식으로 하면 형이잖아! 음, 지금까지는 한국식으로 했으니까 이번에는 미국식으로 해야 공평하지.^^ 이제는 말을 편하게 해야겠다. "야, 브래드! 내 방에 가자!" 내 방에 들어온 브래드, 자기 또래의 한국 사람이 어떻게 사는지 궁금한지 두리번거리다가 OOO의 전신 브로마이드를 보더니 Oh, Beautiful!을 남발한다. 나는 왠지 우쭐한 마음에 내가 소장하고 있는 OOO이 출연한 모든 영화의 비디오테이프를 브래드에게 보여 주었다. 브래드도 그 영화들을 몹시 보고 싶어 하는 눈치이다.

부탁

1. 며칠 동안 이 테이프를 빌려 주실 수 있어요?
Can I borrow this tape for a few days?
캔 아이 바로우 디스 테잎 포 러 퓨 데이즈
○ 무언가를 빌릴 때는 borrow, 빌려 줄 때는 lend라는 동사를 쓸 수 있습니다.

2. 내가 당신 카메라를 빌려도 될까요?
Is it okay if I borrow your camera?
이즈 잇 오케이 잎 아이 바로우 유어 캐머러
○ Is it all right if I ~?라고 해도 비슷한 표현입니다.

3. 아무 때나 편할 때 돌려주세요.
You can give it back anytime.
유 캔 기브 잇 백 에니타임
○ anytime은 '언제든지'라는 뜻으로 any time 하고 띄어 쓰기도 합니다.

4. 언제 돌려줄 건가요?
When will you give it back?
웬 윌 유 기 빗 백

 **표현의 활용**

히! 브래드에게 비디오테이프를 빌려 주면 앞으로 많이 신상이 편해지겠지. Give and take! 이게 무슨 말인지 브래드 네가 미국인이니까 잘 알겠지?

DIALOG

동 수   Do you still want to watch that movie?
브래드 Yeah. **Can I borrow your video for a few days?**
동 수   Sure. **You can give it back anytime.**
브래드 I really appreciate it.
동 수   Not at all. Do you have any good movies I can borrow?
브래드 I'm sure I have something you'd like.

<pre>
동 수   저 영화 보고 싶어?
브래드 응. 며칠 동안 이 테이프를 빌려도 될까?
동 수   그럼. 편할 때 아무 때나 돌려줘.
브래드 정말 고마워.
동 수   천만에. 내가 빌릴 만한 좋은 영화 있니?
브래드 네가 좋아할 만한 것이 하나 있을 거야.
</pre>

○ 잠깐 알고 갈까요?

'빌리다'라는 말을 할 때 borrow와 rent라는 단어를 사용할 수 있습니다. 돈을 안 내고 빌리는 경우에는 borrow, 돈을 내고 빌리는 경우는 rent를 씁니다. 반대로 '빌려 주다'라고 할 때에는 lend라는 동사를 사용하면 됩니다.

- May I **borrow** your pen?(펜 좀 빌려 주시겠어요?)
- How much does it cost to **rent** a room?(방 하나 빌리는 데 얼마입니까?)
- I **lent** a lot of money to my friend.(나는 꽤 많은 돈을 친구에게 빌려 주었다.)

 **양해**

브래드가 동수에게 '~해도 돼요?' 하고 양해를 구한다면…

1. 여기에 앉아도 돼요?
   Do you mind if I sit here?
   두 유 마인드 잎 아이 씨잇 히어
   - 상대방에게 '~해도 돼요?' 하고 양해나 허락을 구할 때에는 Do you mind ~?라는 표현을 쓸 수 있습니다. Do you mind ~?의 답변으로는 긍정은 No, 부정은 Yes를 쓴다는 것에 주의하세요.

2. 여기서 담배를 펴도 되나요?
   Is it OK to smoke in here?
   이즈 잇 오케이 투 스모크 인 히어

3. 당신 컴퓨터를 써도 됩니까?
   May I use your computer?
   메이 아이 유즈 유어 컴퓨터

4. 그럼요.
   Go ahead.
   고우 어헤드
   - 상대방이 '~해도 돼요?' 하고 양해를 구할 때 허락하는 표현은 Sure., Of course., Go ahead. 등으로 말하면 됩니다.

A _ **Do you mind if I sit here?**
B _ **No. Please have a seat.**
A _ **May I use your computer?**
B _ **Go ahead.**

A _ 여기 앉아도 될까?
B _ 그래, 앉아.
A _ 네 컴퓨터를 써도 되겠니?
B _ 그럼, 써.

 ## 부탁과 양해

부탁

1. 개인적인 부탁 하나 들어주실래요?
   Can you do me a personal favor?
   캔 유 두 미 어 퍼-스널 페이버

2. 당신에게 부탁할 게 있습니다.
   I need to ask you to do me a favor.
   아이 니잇 투 애스 큐 투 두 미 어 페이버

3. 창문 좀 닫아 주세요.
   Could you close the window?
   쿠 쥬 클로즈 더 윈도우

4. 기꺼이 그러겠습니다.
   I'm be glad to.
   아 비 글랫 투

5. 미안해요, 들어줄 수 없겠어요.
   I'm sorry, I can't.
   아임 쏘리 아이 캔트

양해

1. 잠깐 실례해도 될까요?
   Would you excuse me for a moment?
   우 쥬 익스큐즈 미 포 러 모우먼트

2. 실례합니다. 좀 지나가도 될까요?
   Excuse me. Can I get through?
   익스큐-즈 미 캔 아이 겟 뜨루

3. 얼마든지 그러세요.
   Help yourself, please.
   헬 퓨어셀프 플리-즈

4. 글쎄요, 그렇게 안 했으면 좋겠습니다.
   Well, I'd rather you didn't.
   웨엘 아이드 래더 유 디든트

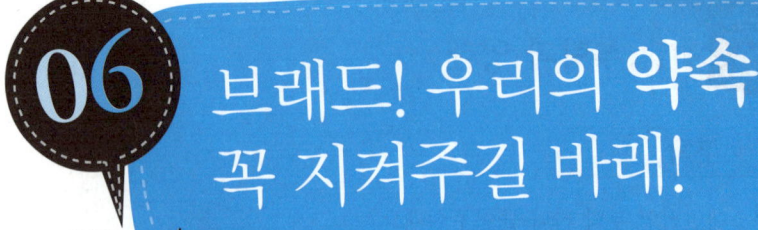

06 브래드! 우리의 약속 꼭 지켜주길 바래!

좀 얘기하다 보니, 브래드 괜찮은 놈인 것 같네. 같이 다니면 재미있을 것 같기도 하고……. 브래드도 나하고 있는 걸 재미있어 하는 눈치이다. 그리고 잘하면 정말로 내 영어 실력이 늘 수도 있지 않겠어? 이런 상황이 전화위복이라 했던가? 자, 그럼 용기를 내서 내가 먼저 다음에 만날 약속을 하자. 그냥 '다음 주에 만나서 재미있는 시간을 가지자.' 라는 말만 하면 되는데 어, 갑자기 헷갈리네.

 약속

1. 이번 토요일에 계획이 있나요?
   ### Do you have any plans this Saturday?
   두 유 해브 에니 플랜즈 디스 쌔러데이
   - Are you free this Saturday?(이번 토요일에 시간 있으세요?)라고 해도 비슷한 의미의 표현입니다.

2. 우리 몇 시에 만날까요?
   ### What time should we make it?
   왓 타임 슈드 위 메이 킷
   - make it은 '제 시간에 도착하다, 만나기로 하다'의 뜻입니다.

3. 7시에 만나면 어때요?
   ### How about seven o'clock?
   하우 어바웃 쎄븐 어클락
   - How about ~?는 '~는 어때요?' 하고 상대방의 의향을 물을 때 쓸 수 있습니다.

4. 어디서 만날까요?
   ### Where do you want to meet?
   웨어 두 유 원 투 미잇

 **대화 표현의 활용**

'진정해라 박동수! 비디오테이프도 빌려 줬는데 좀 틀려도 괜찮아.' 라고 속으로 생각하니 그제서야 조금 진정이 되며 머리가 굴러가기 시작한다.

 **DIALOG**

동 수 Do you have any plans this Saturday?
브래드 No, I don't.
동 수 How about going to a movie together?
브래드 That's a good idea. **What time should we make it?**
동 수 **How about seven o'clock?**
브래드 That would be great. **Where do you want to meet?**
동 수 Let's meet at Seoul Theater.
브래드 That's okay with me. See you then.

동 수 이번 토요일에 무슨 계획 있니?
브래드 아무런 계획이 없어.
동 수 같이 영화 한 편 보는 게 어때?
브래드 좋은 생각이야. 언제 만날까?
동 수 7시에 만나면 어때?
브래드 좋아. 어디서 만날까?
동 수 서울 극장에서 만나자.
브래드 나도 괜찮아. 그럼 그때 보자.

● **잠깐 알고 갈까요?**

약속을 뜻하는 단어는 promise, appointment, date 등이 있습니다. 차이를 살펴보면 promise는 '~하겠다'는 맹세, 약속, 다짐을 나타낼 때 쓰고, appointment는 장소, 시간이 정해져 있는 약속을 말합니다. 그리고 date는 appointment와 비슷하지만 비공식적이고 개인적인 약속을 뜻합니다.

 ## 약속의 변경과 취소

동수가 일이 생겨 약속을 변경하거나 취소한다면…

1. 우리 한 시간 일찍 만날 수 있어요?
   Can we meet an hour earlier?
   켄 위 미잇 언 아워 어얼리어
   ○ early는 어떤 정해진 시간보다 일찍을 나타낼 때 쓰는 단어로 earlier는 early의 비교급입니다.

2. 한 시간만 연기하죠.
   Let's delay it for an hour.
   렛츠 딜레이 잇 포 언 아워

3. 좀 더 일찍 만날까요?
   Why don't we make it a little earlier?
   와이 돈 위 메이 킷 어 리틀 어얼리어
   ○ Why don't we ~?는 상대방에게 무언가를 제안할 때 쓸 수 있는 표현입니다.

4. 미안하지만 당신과의 내일 약속을 취소해야 할 것 같아요.
   I'm afraid I have to cancel tomorrow's appointment with you.
   아임 어프레이드 아이 햅 투 캔썰 터모로우즈 어포인트먼트 윗 유

A _ **Can we meet an hour earlier?**
B _ I'm sorry but I can't. How about meeting an hour later?
A _ That's okay with me.
B _ All right. Let's push it back an hour, then.

A _ 우리 한 시간 일찍 만나도 될까?
B _ 미안하지만 안 되겠는데. 1시간 늦게 만나는 것은 어때?
A _ 난 괜찮아.
B _ 그럼 한 시간 늦추도록 하자.

약속과 변경

약속

1. 오늘 저녁에 무슨 할 일이 있습니까?
   Are you doing anything this evening?
   아 유 두잉 애니띵 디스 이브닝

2. 언제가 가장 편하시겠어요?
   When would it be most convenient for you?
   웬 우드 잇 비 모스트 컨비-니언트 포 유

3. 만날 만한 좋은 장소가 있어요?
   Is there a good place to meet?
   이즈 데어 러 굿 플레이스 투 밋

4. 아직까지는 아무 계획이 없습니다.
   I don't think I've got anything planned yet.
   아이 돈 띵크 아이브 갓 애니띵 플랜드 옛

5. 미안하지만 오늘은 선약이 있어요.
   I'm sorry I'm booked up today.
   아임 쏘리 아임 북드 업 터데이

변경

1. 오늘 저녁 만나기로 한 거 아직 변동 없죠?
   Are we still on for this evening?
   아 위 스틸 온 포 디스 이-브닝

2. 다음 기회로 미뤄도 될까요?
   Can I take a rain check?
   캔 아이 테이 커 레인 첵

3. 약속을 7시로 바꾸고 싶어요.
   I'd like to change the time to 7 o'clock.
   아이드 라익 투 췌인지 더 타임 투 세븐 어클라악

4. 미안하지만 우리 약속을 연기해야 할 것 같습니다.
   I'm afraid we have to push back our appointment.
   아임 어프레이드 위 햅 투 푸쉬 백 아워 어포인먼트

# 연습문제

1
- A _ 오늘 저녁 우리 집에 오실래요? Today is my birthday.
- B _ Really? 고마워요. 그렇게 할게요. Are you going to have a big party?
- A _ No, but a lot of my friends are coming over.
- B _ Happy birthday!

> A _ Would you like to come to my house tonight? 오늘이 내 생일입니다.
> B _ 진짜요? Thank you. I'd love to. 큰 파티를 할 거예요?
> A _ 아니요, 하지만 많은 친구들이 올 거예요.
> B _ 생일 축하해요.

2
- A _ 어서 들어와.
- B _ I'm sorry to have kept you waiting.
- A _ That's okay. Please have a seat here 그리고 너희 집처럼 편히 생각해.
- B _ Thank you.

> A _ Please come in.
> B _ 기다리게 해서 미안해.
> A _ 괜찮아. 여기에 앉아. and make yourself at home.
> B _ 고마워.

3
- A _ 너희 가족에 대해 말해 줄래?
- B _ There are five people in my family.
- C _ 형제나 누이는 있니?
- B _ Yes, I have one brother and one sister.

> A _ Can you tell me about your family?
> B _ 우리 가족은 다섯 명이야.
> C _ Do you have any brothers or sisters?
> B _ 응, 오빠 한명 과 여동생 한명이 있어.

4
- A _ 사적인 질문을 해도 될까요?
- B _ If it is not too personal, I think I can answer.
- A _ 남자친구 있으세요?
- B _ No. Can you introduce me to a nice guy?

> A _ May I ask you a personal question?
> B _ 너무 사적인 것이 아니라면 당신의 질문에 답할 수 있을 것 같네요.
> A _ Do you have a boyfriend?
> B _ 아니요. 좋은 남자 한 명 소개시켜 주실 수 있나요?

5
- A _ 네 카메라를 빌릴 수 있을까?
- B _ Of course.
- A _ I will return it as soon as I can.
- B _ 편할 때 아무 때나 돌려줘.

> A _ Can I borrow your camera?
> B _ 물론이야.
> A _ 최대한 빨리 돌려줄게.
> B _ You can give it back anytime.

6
- A _ Let's go to a club together.
- B _ That's a good idea. 우리 몇 시에 만날까?
- A _ 7시에 만나면 어때?
- B _ That's okay with me.

> A _ 나랑 같이 클럽에 가자.
> B _ 좋지. What time should we make it?
> A _ How about seven o'clock?
> B _ 그래, 좋아.

기초 표현

만남과 인사
초대와 약속
감정의 표현
의견 말하기

브래드와 친해질수록 두려움보다 호기심이 더 커진다. 그래서 브래드를 만날 때마다 "이번에는 어떻게 위기를 넘기지?"라는 생각보다 "이번에는 뭘 하며 놀아 볼까?"라는 생각이 앞선다. 거기에다 하루하루 위기를 넘기다 보니 위기에 대한 내성이 생겼는지 웬만해서는 어떻게든 의사소통을 할 수 있다는 건방

Chapter 03
감정의 표현

진 생각까지 든다. 아니, 사실 영어 성적은 바닥이지만 대한민국에서 나만큼이라도 미국 사람과 이야기해본 사람이 몇 명이나 있겠어? 오만이 하늘을 찌른다. 오늘은 브래드와 만나기로 한 날! 비록 근거는 없지만 자신감을 가지고 신나게 놀아 봐야지.

01 너무 슬퍼하지 마, 브래드!

약속 장소에 나가 보니 브래드가 먼저 나와 있다. 그런데 항상 입가에 굼실대는 장난기 있는 미소가 오늘은 왠지 보이질 않는다. 듣고 보니 여자 친구와 대판 싸우고 헤어지자는 말까지 해 버렸다네! 불쌍한 브래드! 그러나 걱정 마라. 우리 솔로 부대로 전향하면 커플들은 모르는 엄청난 즐거움이 있단다. 또 형님이 여자한테는 하도 많이 차여서(금순이, 삼순이, 금자 아, 애는 무척이나 친절했는데…)그 치유법도 잘 알고 있지. 그 중에서 가장 좋은 방법은 이열치열! 아니 이녀치녀! 나이트 가서 예쁜 여자랑 놀면 다 치유 된단다!

 **위로**

1. 우울해 보이네요. 무슨 일이 있어요?
   You look down. What's wrong?
   유 룩 다운 왓츠 롱
   ◦ 여기서 down은 형용사로 '의기소침한, 풀이 죽은'의 뜻입니다.

2. 무슨 걱정거리가 있습니까?
   Do you have something on your mind?
   두 유 해브 썸씽 언 유어 마인드

3. 그 말을 들으니 유감이군요.
   I'm sorry to hear that.
   아임 쏘리 투 히어 대앳
   ◦ 반대의 표현은 sorry 대신 glad를 써서 I'm glad to hear that.이라고 하면 됩니다.

4. 너무 걱정하지 마세요. 다 잘될 겁니다.
   Don't worry. Everything will be fine.
   돈 워리 에브리띵 윌 비 파인
   ◦ 만일 '힘 내!'라는 말을 한다면 Cheer up!이라고 표현하면 됩니다.

 **표현의 활용**

오늘 나이트 가서 신나게 놀아 보자! 특히, 한국의 나이트 수질 관리는 미국과 차원이 다르지. 수돗물과 생수의 차이랄까?

동 수	**You look down. What's wrong?**
브래드	I broke up with my girlfriend.
동 수	**I'm sorry to heard that.**
브래드	I think it was stupid of me.
동 수	Try not to dwell on it. You'll feel better sooner or later.
브래드	I hope so.
동 수	It'll take some time, but you'll get over this.

동 수	우울해 보이는데, 무슨 일이 있어?
브래드	여자 친구와 헤어졌어.
동 수	그 말을 들으니 유감이군.
브래드	내가 참 바보 같은 짓을 한 것 같아.
동 수	너무 곰곰이 생각 하 지마. 곧 괜찮아 질 거야.
브래드	나도 그러길 바래.
동 수	시간이 걸리겠지만 너는 이겨낼 거야.

○ 잠깐 알고 갈까요?

슬프고 우울한 색깔이 뭘까요? 물론 회색이 있지요. 그 외에 파란색도 있습니다. 사람이 슬프거나 우울할 때 얼굴색이 핏기 없이 창백해집니다. 그래서 blue in the face 는 창백함을, feel blue 는 우울함을 나타냅니다.

 # 슬픔

브래드가 슬픈 마음을 토로한다면…

1. 기분이 너무 안 좋아요.
   I feel miserable.
   아이 필 미저러벌
   - miserable은 '불쌍한, 비참한'의 뜻이지만 '몸이 불편한'의 뜻으로도 쓰입니다.

2. 오늘은 기분이 우울합니다.
   I'm feeling sad today.
   아임 필링 쌔드 터데이

3. 이렇게 슬펐던 적은 없었어요.
   I've never felt this sad before.
   아이브 네버 펠트 디스 쌔드 비포
   - never는 '결코 ~않다'의 뜻으로 보통 본동사 앞 조동사 뒤에 위치합니다. 그러나 조동사를 강조할 때에는 조동사 앞에 옵니다. 예) You never can tell.(너는 알 리가 없지.)

4. 울고 싶은 기분입니다.
   I feel like I want to cry.
   아이 필 라익 아이 원 투 크라이
   - feel like는 '~하고 싶다, 어쩐지 ~할 것 같다'의 뜻입니다.

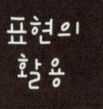 표현의 활용

A _ I've never felt this sad before.
B _ What can I do to make you feel better? Would you like to go for a walk?
A _ I don't feel like doing anything.
B _ I feel bad you're so upset.

A _ 이렇게 슬펐던 적은 없어.
B _ 네가 기분이 풀리도록 내가 도와줄 일이 없을까? 산책 나갈래?
A _ 아무것도 하고 싶지 않아.
B _ 네 기분이 안 좋으니까 나도 안 좋다.

위로와 슬픔

위로

1. 너무 걱정하지 마세요.
   Don't worry too much.
   돈 워-리 투 머취

2. 너무 심각하게 받아들이지 마세요.
   Don't take it so seriously.
   돈 테이 킷 쏘우 씨리어스리

3. 저한테 기대어도 괜찮아요.
   You can lean on me.
   유 캔 리인 언 미

4. 당신 곁에 있어 줄게요.
   I'll be there for you.
   아윌 비 데어 포 유

5. 기운내세요.
   Pull yourself together.
   풀 유어쎌프 터게더

슬픔

1. 왜 그렇게 우울한 표정이에요?
   Why the long face?
   와이 더 로옹 페이스

2. 너무 슬퍼요.
   I'm so sad.
   아임 쏘우 쌔드

3. 나는 희망이 없어요.
   I feel so hopeless.
   아이 필 쏘우 호우프리스

4. 나는 이제 어떻게 하죠?
   What am I supposed to do?
   왓 엠 아이 서포우즈드 투 두

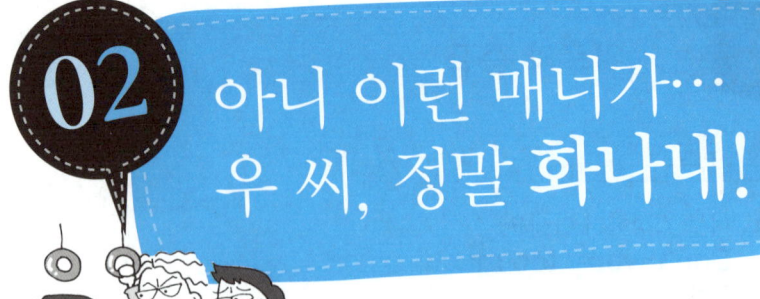

02 아니 이런 매너가… 우 씨, 정말 화나내!

나이트에 갈 기분이 아니라는 브래드를 억지로(?) 끌고 내가 잘 아는 신촌의 모 나이트로 데려가기 위해 지하철을 탔다. 퇴근 시간이라 그런지 지하철은 사람들로 북적거렸고 거기에다 에어컨 시설마저 노후되어 끈적끈적거렸다. 그런데 마침 우리 앞의 좌석이 비어서 막 앉으려고 하는 순간 대략 40~50대로 보이는 아저씨가 마치 미식축구를 하듯이 어깨로 팍! 밀치며 자기가 자리에 앉는 것이 아닌가? 아니, 이런 매너가 어디 있나! 브래드가 눈살을 찌푸린다. 아유, 창피해. 브래드 보기가 민망해진다.

 분노

1. 괜찮아요? 화나 보이는데요.
   Are you okay? You look angry.
   아 유 오케이 유 룩 앵그리
   > '화나다' 라는 말은 mad라는 표현도 쓸 수 있는데 보통 구어에서 많이 쓰이고 표준 영어에서는 angry를 사용합니다.

2. 기분이 나쁩니다. 어떻게 저런 행동을 할 수 있죠?
   I feel upset. How could he do such a thing?
   아이 필 업셋 하우 쿳 히 두 써치 어 씽

3. 그 사람 때문에 화가 납니다.
   He makes me mad.
   히 메익스 미 매드
   > make A B는 'A를 B 하게 하다' 라는 뜻이 됩니다.

4. 진정하고 잊어버리세요.
   Calm down. Try not to think about it.
   컴 다운 츄라이 낫 투 씽크 어바웃 잇
   > calm down은 '노여움이나 흥분을 가라앉히다' 의 뜻입니다.

 **표현의 활용**

아니 뭐 이런 비매너가 다 있지? 순간 울컥했지만 만약 여기서 한 소리 하면 더 기분 나쁜 일이 생길 수도 있겠지. 아유, 내가 참을 수밖에.

DIALOG

동 수	**Are you okay? You look angry.**
브래드	**I feel upset. How could he do such a thing?**
동 수	I feel embarrassed for people like that.
브래드	You don't need to feel embarrassed.
동 수	Just try to calm down and not think about it.
브래드	What else can I do?

동 수	괜찮아? 화나 보이는데.
브래드	기분이 나빠. 어떻게 저런 행동을 할 수 있지?
동 수	나도 저런 사람들을 보면 부끄러워.
브래드	네가 부끄러워할 필요는 없어.
동 수	진정하고 잊어버려.
브래드	그렇지 않으면 내가 뭘 할 수 있겠어?

● 잠깐 알고 갈까요?

화가 나면 '뒷골이 땡긴다'는 말을 하지요? 영어에서도 이와 비슷하게 get hot under the collar 라는 표현이 있는데 직역하면 '칼라 아래가 뜨끈해지다' 라는 말이니 화가 몹시 났을 때 쓸 수 있는 표현입니다. 이 외에 유사한 표현으로 hit the ceiling, blow through the roof, blow one's top, hit the roof 등이 있습니다.

 ## 비난과 다툼

동수와 브래드가 서로 다툰다면…

1. 당신 정말 나를 화나게 하는군요!
   You drive me crazy!
   유 드라이브 미 크레이지
   - drive는 crazy, mad, angry 등과 같이 쓰여 '~한 상태로 빠뜨리다'의 뜻으로 쓰이기도 합니다.

2. 참는 것도 한도가 있습니다.
   My patience is wearing thin.
   마이 페이션스 이즈 웨어링 씨인
   - wear thin은 '닳아서 얇아지다'의 뜻입니다.

3. 무슨 말을 하는 겁니까?
   What are you talking about?
   왓 아 유 토킹 어바웃

4. 당신은 가끔 바보 같은 말을 하는군요.
   You say some silly things sometimes.
   유 쎄이 썸 씰리 씽즈 썸타임즈
   - sometimes는 '때때로, 간혹'의 뜻이고 sometime은 '(미래의) 언젠가, 머지 않아'의 뜻이니 혼동하지 않도록 합니다.

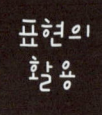

A _ **You drive me crazy!**
B _ **What are you talking about?**
A _ **You know what I'm talking about.**
B _ **You say some silly things sometimes.**

A _ 너 정말 나를 화나게 하는구나!
B _ 무슨 말을 하는 거야?
A _ 내가 무슨 말을 하는지 알고 있잖아.
B _ 너는 가끔 바보 같은 말을 하는군.

 ## 분노와 비난

분노

1. 정말 화가 나네.
   I'm really angry. / That's so offensive.
   아임 리얼리 앵그리 / 댓츠 쏘우 어펜시브

2. 더 이상 참을 수 없어요.
   I can't stand it any more.
   아이 캔트 스탠드 잇 에니 모어

3. 그 말을 들으니 화가 나는군.
   I take offense to that.
   아이 테익 어펜스 투 댓

4. 신경 건드리지 마세요.
   Don't get on my nerves.
   돈 겟 온 마이 너-브즈

5. 그 사람의 행동 정말 불쾌합니다.
   I'm really displeased with his behavior.
   아임 리얼리 디스플리즈드 위드 히스 비헤이비어

비난

1. 어떻게 그렇게 무례할 수가 있어요?
   How rude can you be?
   하우 루-드 캔 유 비이

2. 창피한 줄 아세요.
   Shame on you.
   쉐임 온 유

3. 당신 정신 나갔어요?
   Are you out of your mind?
   아 유 아웃 오 뷰어 마인드

4. 어떻게 그렇게 생각이 없어요?
   How could you be so thoughtless?
   하우 쿠 쥬 비 쏘우 쏘뜨-리스

03 아이고, 깜짝이야!

애인하고 싸워서 가뜩이나 기분이 나쁜데 지하철에 매너 꽝인 아저씨까지. 브래드 더 기분이 좋지 않아 보인다. 나이트에 가서 화끈하게 풀어 줘야지. 드디어 나이트에 입장! 화려한 조명, 아름다운 걸들! 여기는 한국 공식 작업장! 브래드는 들어오자마자 입이 헤벌쭉해진다. 와우, 죽이네! 하는 표정. 그런데 누군가가 갑자기 브래드의 등을 탁 친다. 브래드는 깜짝 놀라 뒤를 돌아보는데…….

 **놀라움**

1. 아이고, 깜짝이야!
   ### Oh, my gosh!
   오 마이 고쉬
   - gosh는 '이크, 아이고'의 뜻으로 놀람, 기쁨을 나타낼 때 쓰는 표현입니다. 비슷한 의미의 표현으로 Oh, my god.이 있는데 놀랐을 때나 어떤 일이 잘못된 것을 알았을 때 쓰입니다.

2. 내 눈을 믿을 수가 없군요!
   ### I can't believe my eyes!
   아이 캔트 빌리브 마이 아이즈

3. 놀라운 일이군요!
   ### This is a surprise!
   디스 이즈 어 써프라이즈
   - '정말 놀라워요!'라는 표현은 What a surprise!으로 말할 수 있습니다.

4. 당신 때문에 놀랐습니다.
   ### You surprised me.
   유 써프라이즈드 미

 ## 대화 표현의 활용

알고 보니 그 사람은 브래드가 한국에 올 때 비행기 옆자리에 앉았던 사람이었다.

브래드	**Oh, my gosh! I can't believe my eyes!**
외국인	**This is a surprise!** Brad? Is that really you?
브래드	Yes, it's me. Oh my God?
외국인	I know! I never thought I would meet you like this.

브래드	아이고, 깜짝이야! 내 눈을 믿을 수가 없네!
외국인	놀라운 일이군요! 당신 브래드죠?
브래드	예, 맞아요. 어쩜 이럴 수가?
외국인	그러게요! 나는 당신을 이렇게 만날 거라는 생각을 못했어요.

● 잠깐 알고 갈까요?

놀라움을 표현하는 감탄사들은 놀라는 이유에 따라 다릅니다. Oh, dear!는 슬퍼서 당황함을 나타낼 때, Good heaven!은 대단히 놀랐을 때, Gee!, Jee!는 기뻐서 놀랐을 때, Oh, boy!는 기쁨이나 슬픔을 나타내는 경우에, 그리고 My god!는 가장 강하게 놀랐을 때 쓰는 표현입니다.

 **두려움**

브래드가 무서워서 놀랐다면…

1. 무서워요.
   I'm scared.
   아임 스케어드
   - 만약에 '무서워서 죽겠어요.' 라는 말을 하고 싶다면 I'm scared to death.라고 말하면 됩니다.

2. 등에 땀이 나요!
   My back is sweaty!
   마이 백 이즈 스웨티
   - 참고로 '땀'은 perspiration이라는 표현을 쓸 수 있고 '소름'이란 말은 goose bumps라는 말을 쓰면 됩니다.

3. 너무 놀라서 움직일 수가 없어요.
   I'm too shocked to move.
   아임 투 쇽 투 무브
   - too ~to는 '너무 ~해서 ~할 수 없다' 라는 표현입니다.

4. 그것만 생각하면 몸이 떨립니다.
   Just the thought of it makes me shudder.
   저슷 더 쏘오트 어브 잇 메익스 미 셔더

A _ **I'm scared.**
B _ Me, too. **My back is sweaty.**
A _ Let's go outside. Now!
B _ I'm too shocked to move.

A _ 무서워.
B _ 나도 마찬가지야. 등에 땀이 나.
A _ 지금 밖으로 나가자.
B _ 너무 놀라서 움직일 수가 없어.

 ## 우연한 만남과 놀라움

우연한 만남

1. 여기서 당신을 만나다니!
   Fancy meeting you here!
   팬시 미팅 유 히어

2. 세상 정말 좁군요!
   What a small world!
   왓 어 스모올 워얼드

3. 와우! 이게 누구야?
   Wow! Look who's here?
   와우, 룩 후즈 히어

4. 여기에는 무슨 일로 오셨어요?
   What brings you here?
   왓 브링 쥬 히어

놀라움과 두려움

1. 놀라워.
   It's amazing.
   잇츠 어메이징

2. 믿기지 않는데요!
   That's unbelievable!
   댓츠 언빌리-버블

3. 굉장하군.
   That's something.
   댓츠 썸씽

4. 섬뜩해요.
   It gives me the creeps.
   잇 깁즈 미 더 크립-스

5. 그 것은 생각만 해도 무서워.
   I dread to think of that.
   아이 드레드 투 씽크 어브 댓

04 미안하다, 사과 한다!

브래드와 나는 이렇게 우연히 마주친 사람과 합석하여 간단하게 인사를 나누고 있는데 동행이 더 있다는 것을 눈치 챈 웨이터 아저씨가 맥주를 더 들고 왔다. 그런데 웨이터 아저씨가 맥주병을 따르다가 그만 맥주를 흘려 브래드의 옷이 조금 젖게 되었다. 우리는 별일 아니라고 생각하는데 그 웨이터 아저씨 직업 정신이 얼마나 투철한지 계속 사과를 하신다. 그것도 영어로……. 혹시 잘난 척하려고 오버하며 사과하는 것 아냐?

 사과

1. 미안합니다.
   ### I'm sorry.
   아임 쏘리
   - 자신이 잘못한 것을 사과할 때는 I'm sorry.라는 말하면 됩니다. 그리고 사람 앞을 지나거나 자리를 뜰 때, 또는 채채기나 트림을 했을 때 '미안합니다, 실례합니다' 라는 말은 Excuse me.라는 표현을 쓸 수 있습니다.

2. 제가 큰 실수를 했습니다.
   ### I made a big mistake.
   아이 메이 더 빅 미스테이크

3. 일부러 그런 것은 아니었습니다.
   ### It was an accident.
   잇 워즈 언 액서던트

4. 괜찮아요.
   ### It's okay.
   잇츠 오케이
   - 'It's okay.'는 '괜찮아요.' 하고 상대방이 사과를 받아들일 때 쓸 수 있는 표현입니다.

 **대화** 　표현의 활용

허 참! 그 아저씨 의외로 영어 잘하네? 이런 데도 요즘은 국제화에 발맞춰서 영어회화는 기본인가?

DIALOG

웨이터	**I'm sorry.** What a mistake!
브래드	**It's okay.**
웨이터	**It was an accident.** I shouldn't have been in such a hurry.
브래드	I'm fine. Don't worry about it.
웨이터	May I dry it for you?
브래드	It's not wet at all. I'll call you if I need any help.

웨이터	**미안합니다.** 이런 실수를 하다니!
브래드	**괜찮아요.**
웨이터	**일부러 그런 것이 아니었습니다.** 그렇게 서두르지 말았어야 했는데.
브래드	저는 괜찮아요. 걱정하실 필요 없습니다.
웨이터	제가 말려 드릴까요?
브래드	젖지 않았어요. 도움이 필요하면 부를게요.

● 잠깐 알고 갈까요?

우리는 정말 미안한 경우 '미안해, 정말 미안해!' 라고 반복하는 것으로 미안함의 정도를 표현합니다. 그런데 미국 사람에게 단지 I'm sorry. 를 되풀이하는 것은 성의 없는 사과로 받아들여질 수도 있습니다. 그래서 그들에게 성의 있는 사과를 하려면 무엇이 미안한지를 정확히 언급하는 것이 좋습니다.

 ## 용서를 비는 표현

웨이터가 브래드에게 용서를 구한다면…

1. 용서해 주세요.
   ### Please forgive me.
   플리즈 퍼깁 미
   - 남의 죄나 과실을 용서할 때에는 forgive, 별로 중대하지 않은 실패나 잘못 등을 용서할 때에는 excuse라는 말을 씁니다.

2. 제 사과를 받아 주세요.
   ### Please accept my apology.
   플리즈 억셉트 마이 어팔어쥐
   - apology는 apologize(사과하다)의 명사형입니다.

3. 다시는 그런 일이 없을 겁니다.
   ### It won't happen again.
   잇 원 해픈 어겐
   - won't는 will not의 단축형으로 '~않을 것이다' 라는 뜻입니다.

4. 누구에게나 일어날 수 있는 일입니다.
   ### It can happen to anyone.
   잇 캔 해편 투 에니원

A _ **Please forgive me. It won't happen again.**
B _ That's okay. Such things happen.
A _ Thank you so much.
B _ Don't worry about it.

A_ 용서해 주십시오. 이런 일은 또 없을 것입니다.
B_ 전 괜찮습니다. 이런 일도 있을 수 있죠.
A_ 정말 감사합니다.
B_ 너무 걱정 마세요.

 ## 사과와 용서 여부

사과

1. 용서해 주세요.
   Pardon me.
   파-든 미

2. 미안합니다. 제가 좀 더 주의를 했어야 했습니다.
   I'm sorry I should have been more careful.
   아임 쏘리 아이 슈드 해브 빈 모어 케어펄

3. 자주 폐를 끼쳐서 미안합니다.
   I'm sorry to trouble you so often.
   아임 쏘리 투 트러블 유 쏘우 오-펀

4. 어떻게 사과를 해야할지 모르겠습니다.
   I have no words to apologize to you.
   아이 해브 노 워즈 투 어팔러자이즈 투 유

5. 다시는 그러지 않겠습니다.
   I'll never do it again.
   아일 네버 두 잇 어게인

용서 여부

1. 잊어버리세요.
   Forget it.
   퍼겟 잇

2. 별거 아니에요.
   No big deal.
   노우 빅 디일

3. 용서할 수 없어요.
   I can't forget about it.
   아이 캔트 퍼겟 어바웃 잇

4. 그냥 넘어갈수 있는 일이 아닙니다.
   I won't be able to let this go.
   아이 원트 비 에이블 투 렛 디스 고우

05 아저씨! 감사여, 감사!

좋은 일도 나쁜 일도 몰려다닌다고 하지 않는가? 오늘 좋지 않았던 일은 모두 잊고 신나게 놀아 보자. 신나게 놀다 보면 신나는 일이 벌어질 거야. 브래드와 나는 온갖 오버를 해 가며 마음껏 흔들고 놀았다. 그리고는 잠깐 쉬러 자리에 들어가는데, 이게 웬일? 우리 자리에 쭉쭉빵빵하고 상큼상큼한 아가씨 두 명이 앉아 있는 것 아닌가? 그리고 그 옆에서 씩 웃고 있는 그 웨이터 아저씨. 아저씨, 땡큐, 땡큐!!!

 감사

1. 매우 감사합니다.
   Thank you very much. [Thanks a lot.]
   땡 큐 베리 머취 [땡스 어 랏]

2. 당신 친절에 감사드립니다.
   Thank you for your kindness.
   땡 큐 포 유어 카인드니스
   ○ '~에 대해 감사하다'라고 할 때에는 Thank you for ~.라는 표현을 쓰면 됩니다.

3. 천만에요.
   You're welcome.
   유어 웰컴
   ○ You're welcome.은 상대방의 감사 표현에 대한 대답입니다.

4. 제가 좋아서 하는 겁니다.
   It was my pleasure.
   잇 워즈 마이 플레줘
   ○ 만약에 '아무것도 아니에요.'라고 한다면 It was nothing really.이라고 표현하면 됩니다.

 **표현의 활용**

미국에는 웨이터가 있는 나이트클럽이 없다고 하던데……. 브래드는 웨이터가 해 주는 부킹이 뭔지나 알까? 신기해 하겠군.

 **DIALOG**

브래드	**Thank you very much.**
웨이터	**It was my pleasure.**
브래드	You didn't have to do this. Thanks again.
웨이터	**You're welcome.** Call me if you need anything else.
브래드	Okay.
웨이터	And be sure to call me the next time you're here!

브래드	고맙습니다.
웨이터	제가 좋아서 하는 겁니다.
브래드	이렇게까지 하실 필요는 없는데. 다시 한 번 감사합니다.
웨이터	천만에요. 필요한 것이 있으면 부르세요.
브래드	알았습니다.
웨이터	다음에 오실 때도 저를 찾아 주세요!

○ 잠깐 알고 갈까요?

미국인들은 아주 사소한 도움에도 Thank you.라는 말을 자주 합니다. 그리고 개인적으로 정말 고마움을 느낄 때에는 appreciate라는 말도 씁니다. Thank you.에 대한 대답은 You're welcome., It's my pleasure. 등이 자주 쓰이고 Don't mention it.은 잘 사용하지 않습니다.

 선물

웨이터가 브래드에게 선물을 한다면…

1. 당신에게 줄 선물입니다.
   Here's something for you.
   히어즈 썸띵 포 유
   - '여기 ~ 있어요.' 하고 말한다면 Here's ~.라는 표현을 쓸 수 있습니다.

2. 별것 아니지만 내 마음의 표시입니다.
   It's not much, but it comes from the heart.
   잇츠 낫 머취 벗 잇 컴즈 프럼 더 하트

3. 정말 저에게 주시는 겁니까?
   Is this really for me?
   이즈 디스 리얼리 포 미

4. 그렇게 생각해 주셔서 감사합니다.
   Thank you for being so thoughtful.
   땡 큐 포 빙 쏘우 쏘오트펄

A _ **Here's something for you.**
B _ **Is this really for me?**
A _ **It's not much, but it comes from the heart.**
B _ **That's very thoughtful of you.**

　A_ 여기 당신에게 드릴 선물입니다.
　B_ 정말 저에게 주시는 건가요?
　A_ 별것 아니지만 제 마음의 표시입니다.
　B_ 정말 사려 깊으시군요.

 ## 감사와 선물

감사

1. 정말 감사합니다.
   I really appreciate it.
   아이 리-얼리 어프리-쉬에이 릿

2. 어떻게 감사해야 할지 모르겠습니다.
   I can't thank you enough.
   아이 캔트 땡큐 이너프

3. 당신의 수고에 감사합니다.
   Thank you for all of your hard work.
   땡 큐 포-올 오뷰어 하-드 워-크

4. 너무 대단하게 생각하지 마세요.
   Don't make too much of it.
   돈 메익 투 머취 오브 잇

5. 내가 도움이 되어서 기뻐요.
   I'm glad I could help.
   아임 글랫 아이 쿳 헬프

선물

1. 별 것 아니지만 마음에 들었으면 합니다.
   It isn't much but I hope you like it.
   잇 이즌트 머취 벗 아이 호프 유 라이 킷

2. 이건 제가 직접 만든 겁니다.
   This gift is something I made myself.
   디스 기프트 이즈 썸씽 아이 메이드 마이셀프

3. 이건 제가 갖고 싶던 거예요.
   This is just what I wanted.
   디스 이즈 저스트 왓 아이 원티드

4. 좋아하니까 기쁘군요.
   I'm glad you like it.
   아임 글랫 유 라이 킷

06 기쁘냐? 나도 기쁘다!

나는 이 좋은 분위기를 유지하기 위해 온갖 기쁨조 역할을 마다하지 않고 웨이터가 소개시켜 준 아가씨들과 신나게 마시고 춤도 추었다. 마침 한 아가씨가 영어를 조금 할 줄 알아서 브래드와 의사소통도 잘 되었다. 놀 것 다 놀고 마실 것 다 마신 우리는 아가씨들과 헤어져 집으로 가는 버스를 탔다. 그런데 브래드는 연실 싱글벙글댄다. 얘가 왜 이러지? 나이트 한 번으로 감정 기복이 너무 심한 것 아냐? 뭐라? 그 영어 좀 하는 아가씨와 데이트하기로 했다고? 둘이 잘도 속닥속닥 거리더만. 재주는 내가 피고 실속은 브래드가 챙겼군.

 **기쁨**

1. 지금 기분이 참 좋아 보이는군요.
   You look like you're very happy.
   유 룩 라익 유어 베리 해피

   ○ 여기서 like는 '~처럼' 이라는 뜻으로 look like 하면 '~처럼 보이다' 라는 말이 됩니다.

2. 기분이 참 좋습니다.
   I feel wonderful.
   아이 필 원더펄

3. 기뻐서 날아갈 것 같아요.
   I jumped for joy.
   아이 점프트 포 조이

   ○ 기쁨을 나타내는 단어는 pleasure, joy, delight 등이 있습니다. pleasure가 가장 일반적인 기쁨을 나타내는 단어라면 delight는 pleasure보다 강한 기쁨을 나타내고 어찌할 바를 모를 정도의 큰 기쁨은 joy라는 단어를 씁니다.

4. 콧노래라도 부르고 싶습니다.
   I feel like humming.
   아이 필 라익 허밍

 **대화 표현의 활용**

좋겠다! 브래드. 너는 쥐구멍에 볕이 들었겠지만 나는 사촌이 땅을 사서 배가 아프다.

 DIALOG

동 수	**You look like you're very happy.**
브래드	Thank you for bringing me here.
동 수	Not at all. So are you going to see her again?
브래드	Yes. That's why I'm so happy.
동 수	That's nice to hear.

동 수	지금 기분이 좋아 보이는데.
브래드	나를 여기로 데려와 줘서 고맙다.
동 수	천만에. 그녀를 다시 만나기로 했니?
브래드	그래. 그래서 내가 즐거워하는 거야.
동 수	그 얘기를 들으니 좋다.

● 잠깐 알고 갈까요?

앞의 이야기에서 나온 부킹(booking)의 원래 뜻은 '장부 기입, 예약'의 뜻으로 '모르는 상대와 데이트하다'는 뜻으로 사용되는 것은 우리 나라에서만입니다. 이런 뜻으로의 영어로는 blind meeting이 있고, 사랑을 전제로 하지 않고 그냥 한 번 즐겨 보자는 만남으로는 hook up이란 표현이 있습니다.

 ## 축하와 축복

동수가 브래드에게 어떤 일로 축하나 기원을 한다면…

1. 축하해요!
   ### Congratulations!
   컨그래츄레이션즈
   - '~에 대해 축하합니다' 라는 말은 Congratulations on ~.라고 표현하면 됩니다. 예를 들어 '승진을 축하합니다' 는 Congratulations on your promotion.이라고 말할 수 있습니다.

2. 잘했어요!
   ### Well done!
   웰 던
   - Good job!이라고 해도 비슷한 의미의 표현입니다.

3. 행운을 빕니다.
   ### Good luck.
   굿 럭

4. 잘 되기를 바랍니다.
   ### I wish you the best of luck.
   아이 위쉬 유 더 베스트 어브 럭
   - 만약 '성공을 빕니다!' 라고 말한다면 I wish you all the success in the world!라고 말할 수 있습니다.

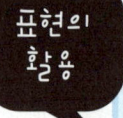

A _ **Congratulations!**
B _ Thank you. But I still have a lot left to do.
A _ **I wish you the best of luck.**
B _ Thank you again. I'll do my best.

A _ 축하해.
B _ 고마워. 하지만 아직도 해야 할 것이 더 있어.
A _ 잘 되기를 바란다.
B _ 정말 고마워. 최선을 다할 거야.

 **기쁨과 축하**

기쁨

1. 만세!
   Cheers! / Bravo! / Hooray!
   취어즈 / 브라보 / 후레이

2. 너무 기뻐요!
   I'm so happy!
   아임 쏘우 해피

3. 하늘로 날아갈 것 같아요.
   I'm walking on air.
   아임 워킹 언 에어

4. 그 소식을 들으니 매우 기쁘군요.
   I'm glad to hear that.
   아임 글랫 투 히어 댓

5. 정말 기분이 좋아요.
   I feel like a million dollars.
   아이 필 라이 커 밀리언 달러스

축하, 축복

1. 결혼을 축하합니다!
   Congratulations on your wedding!
   컨그래츄레이션즈 온 유어 웨딩

2. 신의 축복이 있기를!
   God bless you!
   갓 블레스 유

3. 당신이 항상 행복하기를 바랄게요.
   I hope you'll always be happy.
   아이 호우프 유윌 올웨이즈 비 해피

4. 당신의 모든 일이 잘 되길 바랄게요.
   I hope things will turn out well for you.
   아이 호우프 띵스 윌 터-언 아웃 웰 포- 유

07 칭찬은 브래드도 춤추게 한다!

오늘은 브래드가 처음으로 한국인 여성과 데이트를 하는 날이다. 평상시에는 후줄그레한 청바지에 낡은 티셔츠 차림이었는데 어디에서 그런 패셔너블한 옷들이 났는지 잘도 차려입었다. 얘가 한국에 오면 이런 일이 생길 줄 알고 준비했나? 갑자기 또 배가 아프다. 그 아가씨 참 예쁘던데……. 하여튼 브래드, 잘해 봐라. 잘해서 나도 한 명 어떻게 안 될까? 응?

 칭찬

1. 당신 오늘 멋지네요.
   You look great today.
   유 룩 그레잇 터데이
   ○ 상대방에게 '멋지네!, 대단하네!' 하고 칭찬하는 표현은 짧게 Great!, Nice!, Wonderful! 등으로 말할 수 있습니다.

2. 입고 있는 셔츠가 근사하군요.
   That's a nice shirt you're wearing.
   댓츠 어 나이스 셔트 유 어 웨어링

3. 머리 스타일이 정말 좋습니다.
   I really like your hair.
   아이 리얼리 라익 큐어 헤어

4. 그렇게 말해 주니 고마워요.
   Thank you for saying so.
   땡 큐 포 쎄잉 쏘우
   ○ 상대방이 칭찬했을 때는 Thank you.라고 말하면 됩니다. 만일 분에 넘치는 칭찬을 받아 '과찬의 말씀입니다.' 라는 말을 하고 싶다면 I'm so flattered.라고 표현할 수 있습니다.

 **대화 표현의 활용**

멋있는데 브래드! 팔다리가 기니까 옷이 많이 사네……. 그 아가씨한테 좀 어필하겠는데!

 **DIALOG**

동 수	**You look great today. That's a nice shirt you're wearing!**
브래드	You think so? How about my hair?
동 수	It looks great!
브래드	Do you think I'm ready to meet her?
동 수	You are ready, my friend.
브래드	Thank you. I hope so.

동 수	오늘 멋지네. 입고 있는 셔츠가 좋은데!
브래드	그렇게 생각해? 내 헤어 스타일은 어때?
동 수	보기 좋아!
브래드	이제는 내가 그녀를 만나러 가도 될까?
동 수	준비는 충분한 것 같군, 친구.
브래드	고마워. 그랬으면 좋겠다.

● **잠깐 알고 갈까요?**

우리 나라 사람들은 칭찬에 대해 인색하기로 유명하죠. 그러나 미국인들은 칭찬을 교육의 일부라고 생각합니다. 그래서 저녁 식사 시간은 아이들이 오늘 하루 있었던 일 중에서 잘한 일을 칭찬받는 시간이라고 해도 크게 틀린 말이 아닙니다. 이런 이유로 그들은 칭찬하는 것도, 칭찬받는 것도 아주 자연스러운데요. 우리는 남들이 칭찬하면 보통 쑥스러워하며 "아니, 뭐 별거 아냐."라는 식의 겸손을 보이는데 칭찬에는 감사의 표현을 하는 것이 자연스러운 그들에게 이해할 수 없는 행동으로 보일 수 있습니다.

 ## 잘하는 것에 대한 칭찬

브래드가 어떤 것을 잘했을 때 동수가 칭찬한다면…

1. 춤을 참 잘 추시네요.
   You are good at dancing.
   유 아 굿 앳 댄싱
   - good at ~은 '~에 잘하다, 능숙하다' 라는 표현입니다.

2. 운전을 정말 잘하는군요.
   You are a good driver.
   유 아 어 굿 드라이버
   - '운전을 잘한다' 라는 말은 You drive well. 보다 You are a good driver. 가 좀 더 매끄러운 표현입니다.

3. 처음 하는 것치고는 아주 잘하는 겁니다.
   For a beginner, you're pretty good.
   포 어 비기너 유어 프리티 굿
   - 여기서 pretty는 '예쁘다' 의 뜻이 아니라 very의 뜻입니다.

4. 당신은 참 빨리 배우는군요.
   You are a quick learner.
   유 아 어 퀵 러너

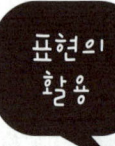

A _ **You're a good driver, I think.**
B _ **No way! This is my first time driving!**
A _ **Well, for a beginner, you're pretty good.**
B _ **My instructor says I'm a quick learner.**

A _ 운전을 잘하는구나.
B _ 아니야. 이게 첫 운전이야.
A _ 와우, 처음 하는 것치고는 아주 잘하는 거야.
B _ 운전교사가 그러는데 내가 빨리 배운데.

칭찬과 대답

칭찬

1. 잘했어요!
   Good job!
   굳 자압

2. 당신이 부럽군요.
   I envy you.
   아이 엔비 유

3. 나는 당신이 자랑스럽습니다.
   I'm proud of you.
   아임 프라우드 오브 유

4. 요리를 정말 잘 하시네요.
   You're an excellent cook.
   유어 언 엑설런트 쿠욱

5. 손재주가 상당히 좋으시군요.
   You're quite good with your hands.
   유어 콰잇 굳 위드 유어 핸즈

6. 당신은 못 하는게 대체 뭐예요?
   Is there anything you can't do?
   이즈 데어 에니띵 유 캔트 두

대답

1. 과찬의 말씀입니다.
   I'm so flattered.
   아임 쏘우 플래터드

2. 더 열심히 하겠습니다.
   I'll do my best.
   아윌 두 마이 베스트

3. 그만하세요. 얼굴이 빨개집니다.
   Don't make me blush.
   돈 메익 미 블러쉬

08 세상이 그대를 속일지라도 실망하지 말 지어다!

브래드는 잘하고 있을까? 그 아가씨도 영어를 좀 하니까 별로 불편한 게 없을 거야. 그리고 남녀 사이에 말이 그렇게 중요한 건 아니잖아? 그런데 갑자기 브래드에게서 전화가 왔다. 어? 한참 재미있게 놀 시간에 웬 전화? 나 약 올리려고 하나? 그 때 흘러나오는 브래드의 기어들어가는 목소리! "나, 바람맞았어. ㅠㅠ." 아이고, 불쌍한 브래드! 데이트 날을 손꼽아 기다 렸는데……. 실망이 엄청 크겠다.

 실망

1. 그것 참, 안됐다!
   That's too bad!
   댓츠 투 배앳
   - That's too bad.는 상대방에게 좋지 않은 말을 들었을 때 유감을 나타내는 표현입니다.

2. 정말 유감입니다.
   I'm sorry about that.
   아임 쏘리 어바웃 댓
   - I'm sorry.는 '미안하다' 라고 사과할 때 쓰기도 하지만 '안됐다' 라는 유감을 나타낼 때 쓰기도 합니다.

3. 나는 그녀에게 실망했어요.
   I'm really disappointed with her.
   아임 리얼리 디스어포인티드 윗 허
   - '~에게 실망하다' 는 be disappointed with~로 표현할 수 있습니다.

4. 내가 도울 수 있는 일이 있을까요?
   Is there anything I can do to help?
   이즈 데어 애니씽 아이 캔 두 투 헬프

 **대화 표현의 활용**

기대가 크면 실망도 크다고 그랬는데 브래드가 엄청 기대하며 나갔으니 얼마나 실망했을까?

 DIALOG

- 동 수 Are you having a good time?
- 브래드 She stood me up. How could this happen?
- 동 수 I'm sorry to hear that.
- 브래드 I'm so disappointed!
- 동 수 What a shame! **Is there anything I can do to help?**
- 브래드 Can you come and pick me up?

- 동 수 좋은 시간 보내고 있니?
- 브래드 그녀가 바람맞혔어. 어떻게 이런 일이 생길 수 있지?
- 동 수 그 말을 들으니 유감이다.
- 브래드 나는 정말 실망했어!
- 동 수 정말 안타깝다! **내가 너를 도울 일이 있겠니?**
- 브래드 와서 나좀 데려가 줄래?

잠깐 알고 갈까요?

영어에 apple of sodom 이라는 표현이 있습니다. 무슨 뜻일까요? sodom 은 성경에 나오는 환락과 죄악의 도시인 소돔과 고모라의 소돔입니다. apple of sodom 은 멸망한 소돔 근처의 사해에서 자랐다는 사과로 무척이나 맛있게 생겼지만 따려고 하면 재로 변해 버려 사람을 실망시켰다는 사과입니다. 그래서 apple of sodom 은 '실망의 근원' 이라는 뜻으로 사용됩니다.

 불평

브래드가 어떤 일에 대해 불평을 한다면…

1. 내가 하는 일에 지쳤어요.
   I'm tired of my work.
   아임 타이어드 어브 마이 워어크
   - 어떤 것이 싫증나거나 지겹다면 be tired of ~라는 표현을 쓸 수 있습니다.

2. 그것은 생각만 해도 지긋지긋해요.
   It makes me sick just thinking about it.
   잇 메익스 미 씩 저스트 띵킹 어바웃 잇
   - 만일 어떤 것에 아주 넌더리가 난다면 sick and tired of ~라는 표현을 쓰면 됩니다.

3. 이건 너무 지겨워요.
   This is so boring.
   디스 이즈 쏘우 보링

4. 뭐 때문에 불평을 하세요?
   What are you complaining about now?
   왓 아 유 컴플레이닝 어바웃 나우
   - 만일 맨날 불평만 하는 사람에게 '또 시작이군.'이라는 말을 하고 싶다면 Here we go again.이라는 표현을 쓸 수 있습니다.

 표현의 활용

A_ **I'm tired of my work.**
B_ **What are you complaining about now?**
A_ **Just thinking about work make me die from boredom.**
B_ **But, you've got to do what you have to do.**

A_ 내가 하는 일에 지쳤어.
B_ 뭐 때문에 불평을 하는데?
A_ 그 일을 생각하기만 해도 나는 지겨워 죽겠어.
B_ 하지만 해야 할 것은 해야지.

실망과 불평

실망

1. 유감인데!
   That's a real shame!
   댓츠 어 리얼 쉐임

2. 당신은 정말 날 실망시키는군요.
   You've really disappointed me.
   유브 리얼리 디써포인티드 미

3. 모든 노력이 수포로 돌아갔어요.
   All my efforts come to nothing.
   올 마이 에펄츠 컴 투 낫띵

4. 이제 어떻게 하죠?
   What should I do?
   왓 슈드 아이 두

불평

1. 이런 생활은 아주 지겹습니다.
   I'm disgusted with this way of life.
   아임 디스거스티드 위드 디스 웨이 오브 라이프

2. 진짜 지겨워요.
   I'm sick and tired of it.
   아임 씨익 앤 타이어드 오브 잇

3. 정말 스트레스 받는군!
   It's really stressful!
   잇츠 리얼리 스트레스펄

4. 저를 좀 가만히 내버려 두세요.
   Let me be alone.
   렛 미 비 얼로운

5. 또 시작이구나.
   Here we go again.
   히어 위 고우 어게인

연습문제

1
A _ 무슨 걱정거리가 있니? You look upset.
B _ I messed up my final examination.
A _ Really? I thought you studied very hard.
B _ I don't think I studied hard enough to get a good grade.
A _ Don't stress too much. You'll still pass the class.

> A _ **Do you have something on your mind?** 기분이 안 좋아 보이네.
> B _ 기말시험을 망쳤어.
> A _ 진짜? 나는 네가 아주 열심히 공부했다고 생각했는데.
> B _ 나는 내가 좋은 점수를 받을 만큼 충분히 공부하지 않았다고 생각해.
> A _ 너무 걱정 마. 너는 그래도 시험에 통과 할 거야.

2
A _ 괜찮아? 화나 보이는데.
B _ Did you see him cut?
A _ Yes, I did.
B _ I hate people like that.
A _ 진정해.

> A _ **Are you okay? You look angry.**
> B _ 저 사람 새치기하는 것 봤어?
> A _ 그래, 봤어.
> B _ 저런 사람들은 정말 싫어.
> A _ **Calm down.**

3 A _ 내 눈을 믿을 수 없군요!
   B _ Me, neither. How are you doing?
   A _ Just fine. 놀라운 일이군요.
   B _ I'm happy to meet you like this.

> A _ **I can't believe my eyes!**
> B _ 나도 마찬가지예요. 어떻게 지내요?
> A _ 잘 지내요. **This is a surprise!**
> B _ 이렇게 당신을 만나서 정말 기뻐요.

4 A _ 늦어서 미안해.
   B _ 괜찮아. It doesn't happen very often.
   A _ It was a stupid mistake. I took the wrong bus.
   B _ I wasn't waiting long, so don't be worry.

> A _ **I'm so sorry for being late.**
> B _ **That's all right.** 자주 늦는 것도 아닌데.
> A _ 멍청한 짓을 했어. 버스를 잘못 탔어.
> B _ 많이 기다리지 않았으니 너무 신경 쓰지 마.

5 A _ 당신 친절에 감사합니다.
   B _ 천만에요.
   A _ I could never have found the bank without your help.
   B _ It was my pleasure.

> A _ **Thank you for your kindness.**
> B _ **You're welcome.**
> A _ 당신의 도움이 아니었다면 은행을 찾지 못했을 겁니다.
> B _ 제가 좋아서 한 일인데요.

6 A _ What's going on? 기분 좋아 보이네.
B _ I received a scholarship.
A _ Really? Congratulations.
B _ Thank you. I'm so happy, I could die!

> A _ 무슨 일이 있니? **You look like you're very happy.**
> B _ 장학금을 탔어.
> A _ 정말? 축하한다.
> B _ 고마워. 너무 행복해 죽을 것 같아!

7 A _ 네가 입고 있는 옷 아주 좋은데!
B _ Do you like it?
A _ 그 옷을 입으니 멋져 보인다. It fits you really well.
B _ Thank you.

> A _ **That's a nice shirt you're wearing!**
> B _ 맘에 드니?
> A _ **You look great in it.** 너한테 아주 잘 맞아.
> B _ 고마워.

8 A _ 정말 실망스럽다.
B _ What happened?
A _ The outdoor concert has been canceled.
B _ 정말 안됐다.

> A _ **I'm really disappointed.**
> B _ 무슨 일인데?
> A _ 야외 음악회가 취소됐어.
> B _ **That's too bad.**

영어 단어의 유래

Dark Horse
다크 호스, 의외의 강력한 경쟁 상대

테네시 주의 샘플린이라는 사람은 '더스키 피트'(Dusky Pete)라는 새카만 말을 경주에 출전시켜 쉽게 돈을 벌었다고 합니다. 그 방법은 더스키 피트 등에 샘플린이 직접 타고 짐도 실어 놓아 평범한 말처럼 보이도록 꾸미고 낯선 마을로 찾아갑니다. 어리숙한 사람처럼 행세하면서 시비를 붙여 그 마을에서 가장 잘 달리는 말과 자신의 보잘것없는(?) 말과 시합을 하게 합니다. 그 보잘것없는 검은 말이 챔피언인 줄 모르는 마을 사람들은 신이 나서 자기 마을의 말에 돈을 걸지만 당연히 모두가 패했습니다. 그리하여 이 검은 말은 다른 챔피언 말과는 또 다른 유명세를 탔습니다.

경마에서 생겨난 이 검은 말(Dark Horse)은 선거가 경마와 비슷하다고 생각한 사람들에 의해 정치판으로 갔고 이후 스포츠, 주식 등 모든 경쟁적인 대결이 일어나는 곳에서 사용되고 있습니다.

기초표현

만남과 인사

초대와 약속

감정의 표현

의견말하기

어느 날 나는 브래드를 데리고 잠실야구장에 갔지. 한국 야구가 메이저 리그보다 수준이 조금 떨어지고 시설이 약간 딸릴지 몰라도 또 다른 맛이 있거든, 브래드! 야구장에서 치어리더 본 적 없지? 막대 풍선 두들겨 본 적 없지? 야구가 시작되고 치어리더를 따라 응원도 하고 막대 풍선도 두들기고… 브래드도 특이한 한국야구문화를 재밌어하며 즐기던 중 어느덧 6회말, 응

Chapter 04
의견 말하기

원하는 팀이 2:3으로 뒤지고 있고 원아웃에 주자 1, 2루 상황인데 내가 제일 좋아하는 선수가 타석에 들어선다. 원 스트라이크 쓰리 볼, 점점 고조되는 긴장감, 이때 투수가 던진 볼이 타자의 옷을 스친 것 같다. 나는 dead ball! dead ball!이라고 소리를 지르고 있는데 옆에 있는 브래드가 "뭔 소리하는 거지?"라는 표정이다. 앗! 이게 바로 콩글리쉬?

 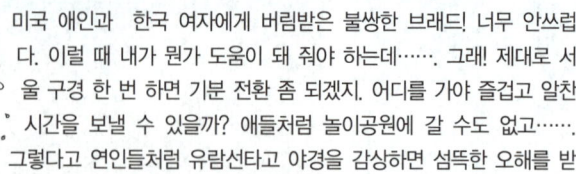

01 서울구경할까? 쇼핑할까? 기분전환 좀 하자!

미국 애인과 한국 여자에게 버림받은 불쌍한 브래드! 너무 안쓰럽다. 이럴 때 내가 뭔가 도움이 돼 줘야 하는데……. 그래! 제대로 서울 구경 한 번 하면 기분 전환 좀 되겠지. 어디를 가야 즐겁고 알찬 시간을 보낼 수 있을까? 애들처럼 놀이공원에 갈 수도 없고……. 그렇다고 연인들처럼 유람선타고 야경을 감상하면 섬뜩한 오해를 받을 수도 있겠지. 인터넷을 뒤져보니 인사동 강추! 경복궁 강추!라고 뜬다. 그러면 먼저 경복궁에 가서 구경하고 이태원에서 쇼핑하고 인사동에서 한식으로, 그리고 한잔! 캬아, 내가 생각해도 죽인다.

 **제안**

1. 우리 시내 구경 한 번 할래요?
   Shall we go sightseeing downtown?
   쉘 위 고우 싸잇씨잉 다운타운
   - '우리 ~할까요?' 라는 말은 Shall we ~?라고 표현하면 됩니다.

2. 저하고 술 한잔할까요?
   How about going for a drink?
   하우 어바웃 고잉 포 러 드링크
   - go for ~는 '~하러 가다' 라는 표현입니다. 예를 들어 '산책하러 가다' 는 go for a walk라고 말하면 됩니다.

3. 우리 나가서 저녁 먹는 게 어때요?
   Why don't we go out for dinner?
   와이 돈 위 고우 아웃 포 디너
   - go out for dinner는 '저녁 먹으러 나가다' 라는 뜻입니다.

4. 우리 쇼핑 갑시다.
   Let's go shopping.
   렛츠 고우 샤핑

표현의 활용

브래드, 그래도 한국에 왔으니 우리 나라에 오는 외국인들의 필수 코스는 너도 한 번 가 봐야지 한국에 와 봤다고 할 수 있지 않겠어?

DIALOG

동 수	**Shall we go sightseeing downtown?**
브래드	Sure.
동 수	Is there anything else you want to do?
브래드	**How about going for a drink later?**
동 수	Good idea. Let's do that.
브래드	Just wait a second. Let me get a few things ready.

동 수	우리 시내 구경 한 번 할래?
브래드	좋지.
동 수	그 외에 또 하고 싶은 거 있어?
브래드	그다음에 나하고 술 한잔할까?
동 수	좋은 생각이네. 그렇게 하자.
브래드	잠깐만 기다려. 준비 좀 할게.

○ 잠깐 알고 갈까요?

학교에서 의지미래는 will, 단순미래는 shall이라고 배웠지만 현재는 구별하지않고 I'll, We'll, You'll 등의 표현이 일반적입니다. shall은 평서문에서 1인칭 주어인 경우 단순미래(요즘은 will과 혼용), 2, 3인칭 주어인 경우 말하는 사람의 의지를 나타내며 의문문에서는 상대방의 의지를 묻는 경우에 사용됩니다.

 ## 제안의 거절

브래드가 동수의 제안을 받아들이지 않는다면…

1. 고맙지만 그렇게 안 했으면 좋겠어요.
   Thank you, but I'd rather not.
   땡 큐 벗 아이드 래더 낫

   > would rather ~는 '오히려 ~하고 싶다'라는 표현입니다. 만약 '고맙지만 됐습니다.'라는 말을 하고 싶다면 No, thank you.라고 말하면 됩니다.

2. 그럴 기분이 아니에요.
   I'm not in the mood.
   아임 낫 인 더 무드

3. 그것을 하고 싶지 않아요.
   I don't feel like doing it.
   아이 돈 필 라익 두잉 잇

4. 다음에 한번 합시다.
   Let's make it some other time.
   렛츠 메이 킷 썸 어더 타임

   > 만약 선약이 있다면 I have another appointment.라고 말하면 됩니다.

A _ **Thank you, but I'd rather not.**
B _ But this is a once in a lifetime chance.
A _ **I don't feel like doing it, though.**
B _ Okay. I respect that.

A _ 고맙지만 그렇게 안 하는 게 좋겠어.
B _ 하지만 다시는 얻을 수 없는 좋은 기회야.
A _ 그것을 하고 싶지 않아요.
B _ 알았어. 네 생각을 존중할게.

 ## 제안과 수락 또는 거절

제안

1. 영화 보러가죠.
   Let's go to a movie.
   렛츠 고우 투 어 무-비

2. 저하고 쇼핑 가실래요?
   How about going shopping with me?
   하우 어바웃 고잉 샤핑 위드 미

3. 한 가지 제안을 해도 될까요?
   Would you mind if I gave you a suggestion?
   우쥬 마인드 이파이 기뷰어 서제스천

4. 한 번 입어보지 그래요?
   Why don't you try it on?
   와이 돈 츄 트라이 잇 언

5. 민호에게 잠깐 들를까요?
   Shall we drop in on Minho?
   쉘 위 드랍 인 언 민호

제안의 수락과 거절

1. 그래요, 그렇게 합시다.
   Yes, let's do that.
   예스 렛츠 두 댓

2. 그거 좋죠.
   Yes, I'd love to.
   예스 아이드 러브 투

3. 그러고는 싶지만 선약이 있습니다.
   I'd love to, but I have a previous engagement.
   아이드 러브 투 벗 아이 해 버 프리-비어스 인게이즈먼트

4. 저는 지금 무척 피곤합니다.
   I'm very tired now.
   아임 베리 타이어드 나우

한국 전통음악 좋아? 멋져? 어때?

아침 10시경 정도에 경복궁에 가니 마침 궁성문 개문 의식, 수문장 교대의식이라는 걸 하고 있었다. 원색의 화려한 의상과 아악이라고 하나? 장중하면서도 독특한 우리만의 음색. TV나 라디오로 들었을 때와는 또 다른 맛이 나는 라이브 국악! 야, 우리 국악이 이렇게 멋있었 던가! 브래드도 난생 처음 들어본 우리 국악의 독특함에 감동으로 흠뻑 몰입된 것 같다. 역시 가장 한국적인 것이 가장 세계적인 거야!!!

 **의견 묻기**

1. 한국의 전통 음악에 대해 어떻게 생각해요?
   ### What do you think of Korean traditional music?
   왓 두 유 씽크 어브 커리언 트래디셔널 뮤직
   - 상대방의 의견을 묻는 표현은 What do you think of ~?, How do you feel about ~?, What do you say? 등이 있습니다.

2. 아주 훌륭하다고 생각해요.
   ### I think it's great.
   아이 씽크 잇츠 그레잇
   - 자기의 생각을 부드럽게 말할 때에는 I think ~.라고 말할 수 있습니다.

3. 그것에 대해 어떻게 생각하세요?
   ### How do you feel about it?
   하우 두 유 필 어바웃 잇

4. 내 생각에는 ~.
   ### In my opinion ~.
   인 마이 어피니언

 **대화** **표현의 활용**

처음으로 동양 음악, 특히 한국 전통음악을 들으니 어때?
아마 서양 음악에서는 표현할 수 없는 또 다른 세계일 걸?

 DIALOG

동 수   **What do you think of Korean traditional music?**
브래드 **I think it's great.** But it's a little hard for me to understand.
동 수   I bet. It's a hard thing for a foreigner to appreciate and enjoy the way a native does.
브래드 That's what I mean. **How do you feel about it?**
동 수   Well, to be honest, I don't usually listen to Korean traditional music.
브래드 **In my opinion,** it is both strong and soft at the same time.

동 수   한국 전통음악에 대하여 어떻게 생각하니?
브래드 훌륭하다고 생각해. 하지만 내가 이해하기엔 조금 난해하군.
동 수   알아. 외국인이 한국사람 처럼 감상하거나 즐기기는 어려운 일이지.
브래드 내가 말하는 바가 그거야. 너는 한국 전통음악에 대해 어떻게 생각하니?
동 수   글쎄. 솔직히 말하면 나는 평소에는 전통음악을 듣지 않아.
브래드 내가 생각하기에 한국 전통음악은 매우 강렬하면서도 부드러워.

견해 표현

브래드가 자기의 견해를 말한다면…

1. 그 문제에 대해 내 생각을 말하고 싶습니다.
   I'd like to share my thought on the matters with you.
   아이드 라익 투 쉐어 마이 쏘오트 언 더 매러즈 윗 유

2. 이것은 내 개인적인 의견입니다.
   This is just what I think.
   디스 이즈 저스트 왓 아이 씽크

   ○ 상대방에게 자신의 생각을 말할 때 '제 생각으로는 ~' 하고 서두를 꺼내는 표현은 In my opinion ~, As far as I'm concerned ~로 말할 수 있습니다.

3. 좋은 생각이 떠올랐습니다.
   I've got an idea.
   아이브 갓 언 아이디어

4. 솔직하게 말해도 될까요?
   Can I be honest with you?
   캔 아이 비 어니스트 윗 유

A _ **I'd like to share my thought on the matter with you.**
B _ Okay. Shoot!
A _ **This is just what I think.**
B _ Okay. I want you to be honest with me.

A_ 이 문제에 대하여 내 생각을 말하고 싶어.
B_ 좋아 속시원히 말해봐!
A_ 이건 내 개인적인 의견이야.
B_ 좋아, 나에게 솔직하기를 바란다.

의견 묻기와 견해 표현

의견 묻기

1. 내가 무엇을 해야 한다고 생각하니?
   What do you think I should do?
   왓 두유 띵크 아이 슛 두우

2. 이 일에 대한 당신의 생각은 어떻습니까?
   What's your opinion on this?
   왓츠 유어 어피니언 온 디스

3. 당신은 어떻게 생각하세요?
   What do you say?
   왓 두 유 쎄이

4. 내입장이라면 당신은 어떡하겠습니까?
   What would you do if you were in my shoes?
   왓 우 쥬 두 이프 유 워 인 마이 슈즈

5. 당신의 의견을 말해 줄래요?
   Can I have your opinion?
   캔 아이 해 뷰어 오피니언

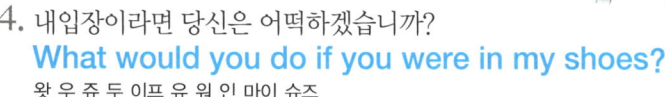

견해 표현

1. 당신에게 말씀드릴것이 좀 있습니다.
   I've got something to tell you.
   아이브 갓 썸띵 투 텔 유

2. 제 소견을 말씀드리겠습니다.
   Let me give my humble opinion.
   렛 미 깁 마이 험블 어피니언

3. 저는 그것을 확신합니다.
   I'm sure of it.
   아임 슈어 오브 잇

4. 틀림없을 겁니다.
   I've no doubt about it.
   아이브 노 다웃 어바웃 잇

03 나도 헷갈리는데 잘 이해했을까?

심하게 감동하는 브래드에게 잡기와 잡학의 대가답게 국악에 대해 멋지게 뭔가 한 마디 해야만 할 것 같은 강박감! 그래서 평소 주워들은 대로 브래드에게 설명했다. "브래드, 저 음악은 궁중에서 사용하는 음악인데 한국에서 중시하는 예의범절을 잘 표현한 음악이야. 그래서 음악이 장중하고 질서 있는 느낌을 주지. 반면에 서민들이 애용하는 음악은 이와 전혀 달리 흥겨움을 잘 표현하지. 그래서 듣고 있으면 저절로 춤이 추어질 정도야." 어려운 설명이라 떠듬떠듬 뒤죽박죽 단어의 나열로 대충 설명한 것 같은데 잘 이해 했으려나?

 이해의 확인

1. 내가 한 말을 이해하겠어요?
   ### Do you understand what I'm saying?
   두 유 언더스탠드 왓 아임 쎄잉
   - 비슷한 표현은 Do you follow me?, Do you get me?, Do you understand what I mean? 등이 있습니다.

2. 알겠어요?
   ### Have you got it?
   해 뷰 갓 잇
   - 상대방의 말을 잘 알아들었다면 I understand., Got it., I see. 등으로 말하면 됩니다.

3. 이해가 안 됩니다. 무슨 말인지 하나도 모르겠습니다.
   ### I don't understand. It's all Greek to me.
   아이 돈 언더스탠트 잇츠 올 그리익 투 미
   - 상대방의 말을 하나도 알아들을 수 없을 때 It's all Greek to me.라는 표현을 쓸 수 있습니다.

4. 다시 말해 주시겠어요?
   ### Can you say that again?
   캔 유 쎄이 댓 어겐

 ## 대화 표현의 활용

뒤죽박죽 엉터리 문법에 단순한 단어의 나열이지만 그래도 브래드나 나나 느끼는 감동은 비슷하니까 대충 이해했을 거라는 생각은 드는데 그래도 혹시 모르니까 한 번 확인해 봐야겠다.

 ### DIALOG

동 수　**Do you understand what I'm saying?**
브래드　No not at all. **Could you say that again?**
동 수　It's a little hard to explain.
브래드　Well, try again anyway.
동 수　Okay. Here goes!

　　　동　수　내가 한 말 알아들었니?
　　　브래드　이해 못하겠어. 다시 말해 줄 수 있어?
　　　동　수　설명하기가 힘들구나.
　　　브래드　음 어쨌든, 다시 설명해 봐.
　　　동　수　좋아 자 시작한다!

● 잠깐 알고 갈까요?

'내가 한 말을 이해하겠어요?' 라는 말의 표현은 기초 표현에 있는것 외에도 You see that?, Do you get it?, Get the point? 등이 있습니다. 이해하지 못했을 경우 다시 말해 달라고 할 때의 표현은 Can you say that again?이 있고 간단하게는 Pardon me?라고 하면 됩니다.

 **이해의 표현**

동수가 한 말을 브래드가 잘 이해했다면…

1. 무슨 말인지 알겠어요.
   I understand what you mean.
   아이 언더스탠드 왓 유 미인
   - 상대방의 말한 요점을 알았다고 말한다면 I see your point.라고 말할 수 있습니다.

2. 이제 알 것 같아요.
   I think I see now.
   아이 씽크 아이 씨 나우
   - see는 '보다' 라는 뜻 외에 '이해하다, 알다' 의 의미도 있습니다.

3. 아, 알겠어요.
   Oh, I've got it.
   오우 아이브 갓 잇

4. 이해가 되는군요.
   It makes sense to me.
   잇 메익스 쎈스 투 미
   - make sense는 '뜻이 통하다, 이치에 닿다' 라는 뜻입니다.

A _ **I understand what you mean.**
B _ **Really? Do you really get it?**
A _ **I think so. Thank you for your patient explanation.**
B _ **You're welcome.**

A_ 무슨 말을 하는지 알겠어.
B_ 정말 알아듣는 거야?
A_ 이제 알 것 같아. 잘 설명해줘서 고마워.
B_ 천만에.

이해와 추측

이해

1. 지금까지 한 말을 알겠어요?
   Are you with me so far?
   아 유 위드 미 쏘우 파

2. 이해했어요. / 이해가 안 됩니다.
   I understand. / I don't understand.
   아이 언더스탠드 / 아이 돈 언더스탠드

3. 당신이 무슨 말을 하는지 알겠어요.
   I know what you're talking about.
   아이 노우 왓 유어 토-킹 어바웃

4. 죄송하지만 다시 말씀해 주시겠어요?
   I beg your pardon?
   아이 베 규어 파든

5. 다시 말씀해 주시겠습니까?
   Could you repeat what you said?
   쿠쥬 리피잇 왓 유 쎄드

추측

1. 당신이 옳은 것 같아요.
   I think you are right.
   아이 띵크 유 아 라잇

2. 어떻게 될지 말하기 어렵습니다.
   It's difficult to say how it will turn out.
   잇츠 디피컬트 투 쎄이 하우 잇 윌 터언 아웃

3. 짐작할 수 없습니다.
   I haven't the faintest idea.
   아이 해븐 더 페인티스트 아이디어

4. 이건 예상을 하지 못했습니다.
   I didn't expect this.
   아이 디든 익스펙 디스

04 도대체 어떤 걸 원하는데?

더 구경하려는 브래드를 재촉하여 이태원에 도착하니 오후 3시경. 외국인을 상대해서 그런지 터무니없이 큰 사이즈의 옷도 하나의 구경거리다.(50인치 바지라니……) 이리저리 구경을 하는데 브래드 자신이 원하는 옷을 좀처럼 고르지 못한다. 시간도 별로 없는데……. 자식, 여자처럼 되게 깐깐하게 고르네!(네가 그러니까 여자한테 차이는 거야.) 에이, 안 되겠다. 우선 어떤 종류, 색깔 등을 좋아하는지 물어서 거기에 맞는 옷을 내가 찾아주는 게 훨씬 빠르겠다.

 **기호, 선호를 묻는 표현**

1. 이것은 어때요?
   ### How do you like this one?
   하우 두 유 라익 디스 원
   - '~는 어때요?' 하고 상대방의 의견을 물을 때 How do you like ~?라는 표현을 쓸 수 있습니다.

2. 어떤 스타일을 좋아하세요?
   ### What kind of style do you like?
   왓 카인 더브 스타일 두 유 라익

3. 당신이 좋아하는 색깔은 어떤 거예요?
   ### What's your favorite color?
   왓츠 유어 페이버릿 컬러
   - favorite은 형용사로 '마음에 드는, 좋아하는'의 뜻이고 명사로는 마음에 드는 사람이나 물건을 나타냅니다.

4. 나는 파란색 셔츠 말고 빨간색 셔츠가 좋아요.
   ### I like the red shirt, not the blue one.
   아이 라익 더 레드 셔트 나앗 더 블루 원

 **대화 표현의 활용**

브래드야, 시간 없다. 빨리 옷 사고 밥 먹으러 가야지. 고르기 힘들면 내가 골라 줄까?

 DIALOG

동 수	**Do you like this one?**
브래드	That's not my style.
동 수	**What kind of style do you like?**
브래드	I don't have a specific style.
동 수	**What's your favorite color?**
브래드	Red.
동 수	**I like this one. What about you?**
브래드	I like the red shirt, not the blue one.

동 수	이거 어때?
브래드	내 스타일이 아닌 것 같아.
동 수	어떤 스타일을 좋아하는데?
브래드	딱 꼬집어 말할 스타일은 없어.
동 수	제일 좋아하는 색이 뭐니?
브래드	빨간색이야.
동 수	나는 이게 좋은데 너는 어때?
브래드	그 파란색 말고 이 빨간색 셔츠가 마음에 들어.

● **잠깐 알고 갈까요?**

not은 보통 동사 뒤에 오지만 위에 나오는 표현 I like the red shirt, not the blue shirt. 처럼 어구를 부정하는 경우도 있습니다.
- This book is yours, **not** mine.(이 책은 내 것이 아니라 당신 것입니다.)

 재촉

동수가 브래드에게 서두르라고 재촉한다면…

1. 서둘러요. 시간이 많지 않아요.
   Hurry up. We haven't got all day.
   허리 업 위 해븐 갓 올 데이

   > Hurry up.은 서두르라는 표현이고 반대로 '천천히 해.' 라고 하면 Take your time.이라고 말하면 됩니다.

2. 왜 이렇게 오래 걸려요?
   What's taking you so long?
   왓츠 테이킹 유 쏘우 롱

3. 가능한 한 빨리 하세요.
   Do it as quickly as you can.
   두 잇 애즈 퀵클리 애즈 유 캔

   > '가능한 한 ~하게' 라는 말은 as ~ as ~ can이라는 표현을 쓰면 됩니다. as ~ as possible이라고 해도 비슷한 표현입니다.

4. 우리는 시간이 별로 없어요.
   We don't have much time.
   위 돈 해브 머취 타임

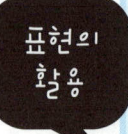

A_ **Hurry up! We haven't got all day.**
B_ **Give me a minute.**
A_ **What's taking you so long?**
B_ **I'm getting dressed as quickly as I can.**

A_ 서둘러! 우리 시간이 많지 않아.
B_ 조금만 기다려.
A_ 왜 이렇게 오래 걸리니?
B_ 최대한 빠르게 옷 입고 있는 거야.

재촉과 여유

재촉

1. 서둘러 주시겠어요? 제가 좀 급합니다.
   Can you hurry, please? I'm in a hurry.
   캔 유 허-리 플리-즈 아임 인 어 허-리

2. 빨리 하세요, 늦겠어요.
   Come on, we're going to be late.
   컴 어언 위어 고잉 투 비 레잇

3. 시간이 촉박합니다.
   I'm pressed for time.
   아임 프레스트 포 타임

4. 급한 일입니다.
   This is an emergency.
   디스 이즈 언 이머전씨

여유

1. 천천히 하세요.
   Take your time.
   테이 큐어 타임

2. 진정하세요.
   Calm down.
   컴 다운

3. 뭐가 그렇게 급하세요?
   What's the hurry?
   왓츠 더 허-리

4. 아직 여유가 있어요.
   We still have time.
   위 스틸 해브 타임

5. 너무 재촉하지마세요.
   Don't be so pushy.
   돈 비 쏘우 푸쉬

05 브래드! 네 말에 동의할 수 없어!

힘들게 브래드의 옷을 산 후 드디어 한국 냄새가 물씬 나는 인사동에 도착했다. 민속품 가게에서 이것저것 구경하는데 하루 종일 힘들게 돌아다녀서 그런지 허기가 진다. 뭘 먹을까? 그래, 브래드를 데리고 간장게장을 먹어야지. 브래드와 나는 한식집에 들어가 간장게장을 시켰다. 자식, 맛있게 잘도 먹는다. 내가 하는 대로 껍데기에 밥까지 말아 가며……. 브래드, 나중에 이거 말고 더 맛있는 한국 음식 먹어 볼래? 들어봤지? 보신탕이라고! 그런데 갑자기 브래드 정색을 하며 말하는데……. 뭐, 뭐, 나보고 야만인이라고!

기초표현: 반대

1. 나는 그렇게 생각하지 않아요.
   I don't think so.
   아이 돈 씽 쏘우
   > I don't think so.는 상대의 말에 대해 반대할 때나 동의를 하지 않을 때 쓸 수 있는 표현입니다.

2. 유감이지만 당신 말에 동의할 수 없어요.
   I'm afraid I can't agree with you.
   아임 어프레이드 아이 캔트 어그리 윗 유
   > 상대방의 말에 동의하지 않거나 대답하고 싶지 않을 때에는 I don't know.라는 표현을 쓸 수 있습니다

3. 나라면 그렇게 말하지 않겠어요.
   I wouldn't say that.
   아이 우든 쎄이 댓

4. 그건 말도 안 되는 소리예요.
   It's out of the question.
   잇츠 아웃 어브 더 퀘스천
   > out of the question은 '전혀 불가능한 말도 안 되는'의 뜻입니다.

 **표현의 활용**

우아, 무지 열 받네? 서울 구경시켜 주고, 옷 사는 데 도와주고, 맛있는 밥까지 사 줬는데 나한테 이럴 수 있어?

DIALOG

동 수 **I'm afraid I can't agree with you.**
브래드 How can you eat dogs? That's just not right.
동 수 I think it's just a cultural difference.
브래드 No way! It is wrong and should not be allowed.
동 수 Look, dogs are just like any other animal.
브래드 **I just can't agree with you.**

동 수 나는 그렇게 생각하지 않아.
브래드 어떻게 개를 먹을 수 있니? 그건 올바른 게 아니야.
동 수 그것은 단지 문화적인 차이야.
브래드 그건 말도 안 되는 소리야. 그건 있을 수 없는 잘못된 문화야.
동 수 있잖아, 개도 다른 동물들과 똑같아.
브래드 **나는 네 말에 정말로 찬성할 수 없어.**

● 잠깐 알고 갈까요?

agree with 는 '의견이 일치하다, 동감이다' 라는 뜻입니다. 반대로 그 앞에 부정의 not을 붙이면 반대의 뜻이 되겠죠? 완강한 반대를 표현할 때는 You're completely wrong.(당신 생각은 완전히 틀렸어.)라는 표현도 있습니다. 완곡하게 반대 의사를 표현할 때는 I have a little different opinion about ~.라고 표현하면 됩니다.

 오해

브래드가 동수에게 오해하지 말라는 말을 한다면…

1. 당신은 저를 오해하고 있군요.
   You've misunderstood me.
   유브 미스언더스투드 미
   - 만약에 '그건 오해입니다.' 라는 말을 하고 싶다면 That's a misunderstanding. 이라고 말할 수 있습니다.

2. 오해하지 마세요.
   Don't get me wrong.
   돈 겟 미 롱
   - get wrong은 구어체에서 '오해하다'의 뜻으로 쓰이기도 합니다.

3. 제 말은 그런 의미가 아니었습니다.
   That was not what I meant.
   댓 워즈 낫 왓 아이 미인

4. 나쁜 뜻으로 말한 것이 아닙니다.
   I had nothing bad in mind.
   아이 해드 낫씽 배앳 인 마인드

A _ **You've misunderstood me.**
B _ I think I understood what you said quite well.
A _ **That was not what I meant.** Don't take it the wrong way.

A _ 너는 나를 오해하고 있어.
B _ 나는 네가 말한 것을 꽤 잘 이해한 것 같은데.
A _ 내 말은 그런 의미가 아니었어. 내 말을 오해하지 마.

반대와 오해

반대

1. 미안하지만 저는 반대합니다.
   I'm sorry but I disagree.
   아임 쏘리 벗 아이 디스어그리

2. 당신의 말은 맞지 않아요.
   You're not right.
   유어 낫 라잇

3. 절대로 안 돼!
   No way! / Absolutely not!
   노우 웨이 / 앱썰루트리 낫

4. 저는 반대합니다.
   I'm against it.
   아임 어겐스트 잇

5. 저는 그것에 대해 좀 다른 생각을 갖고 있습니다.
   I have a different opinion about that.
   아이 해 버 디퍼런트 어피니언 어바웃 댓

오해

1. 다른 마음을 가지고 한 것이 아닙니다.
   Nothing personal.
   낫씽 퍼서널

2. 오해 없이 들어 주세요.
   Give me a fair hearing.
   깁 미 어 페어 히어링

3. 당신한테 한 말이 아닙니다.
   It wasn't meant for you.
   잇 워슨 멘트 포 유

4. 제가 어떡해야 오해가 풀리죠?
   What should I do to clear the air?
   왓 슈드 아 두 투 클리어 디 에어

06 내 말이 맞지? 그럼 동의하란 말이야!

뭐야? 브래드! 네가 브리짓 바르도냐? 울컥 화가 나지만 영어도 한참 달리는데 침착해라, 동수야! 나는 마음을 가라앉힌 후 브래드에게 말했다. "브래드야, 음식 문화는 개인적으로는 기호의 문제이고 문화적으로는 개성의 문제야. 다른 사람에게 해가 되지 않는 이상에는 누가 이래라 저래라 할 문제가 아니라는 거지. 만약 힌두교를 믿는 사람들이 쇠고기를 먹는 너희를 야만인이라고 한다면 기분이 어떻겠냐? 자기하고 다르다고 배척하는 게 진짜 야만인이 아닐까?"…… 브래드, 내 말에 고개를 살짝 끄덕인다.

 동의

1. 당신 말이 맞습니다. 당신이 좋은 점을 지적했어요.
   You're right. You've made a good point.
   유어 라잇 유브 메이드 어 굿 포인트

   ○ 상대방의 말에 '그렇고 말고요.' 하고 동의를 나타낼 때에는 Absolutely!, Exactly!, Sure! 등으로 짧게 표현할 수 있습니다.

2. 그 점에 대해서는 저도 같은 생각입니다.
   I'm with you on that.
   아임 윗 유 언 댓

   ○ be with는 '~에 찬성하는, 동의하는'의 뜻입니다.

3. 동감입니다.
   I feel the same way.
   아이 필 더 쎄임 웨이

   ○ I feel the same way.는 상대방의 말에 같은 느낌을 나타낼 때 쓸 수 있는 표현입니다.

4. 그게 바로 제가 생각했던 겁니다.
   That's just what I was thinking.
   댓츠 저스트 왓 아이 워즈 씽킹

 **표현의 활용**

내가 얼마나 오기로 똘똘 뭉친 놈인지 모르는구나! 두고 봐라, 브래드! 언젠가 반드시 내가 너한테 보신탕을 먹이고 말겠다.

 DIALOG

동 수 Do you understand me?
브래드 **Yeah You're right. You've made a good point.**
동 수 So before you judge something, you must try to understand the culture first.
브래드 **I'm with you on that.**
동 수 But I also know that it's not easy to understand another culture.
브래드 No kidding!

동 수 이해하겠어?
브래드 네 말이 맞아. 네가 좋은 점을 지적했어.
동 수 그렇기 때문에 어떤 것을 판단하기 전에 우선 그 곳의 문화를 알려고 노력해야 하는 거야.
브래드 그 점에 대해서는 나도 같은 생각이야.
동 수 하지만 다른 문화를 이해하기가 힘든 것이라는 것도 알고 있지.
브래드 정말 그래.

○ 잠깐 알고 갈까요?

동의는 하는데 부분적으로만 동의할 때의 표현으로는 You can say that.(그렇게 말할 수도 있죠.), It may be right in some case.(경우에 따라 옳을 수도 있죠.) 등의 표현을 쓸 수 있습니다. 전적으로 동의할 때의 표현 중에 You hit the nail on the head. 가 있는데 직역하면 '당신은 못의 머리를 쳤다' 라는 뜻이니 '핵심을 찔렀다' 는 표현이 됩니다.

 **전적인 동의**

브래드가 동수의 말에 전적으로 동의를 한다면…

1. 당신 말에 전적으로 동의합니다.
   I couldn't agree with you more.
   아이 쿠든 어그리 윗 유 모어
   - 직역하면 '더 이상 동의할 수 없다' 는 말이니 '전적으로 동의한다' 는 표현입니다.

2. 전적으로 찬성합니다.
   I'm all for it.
   아임 올 포 릿
   - 여기서 all은 부사로 '완전히, 전적으로' 라는 뜻이고 for는 '~을 지지한다' 는 뜻입니다.

3. 두말 하면 잔소리죠!
   You can say that again!
   유 캔 쎄이 대앳 어겐

4. 왜 아니겠어?
   Why not?
   와이 낫
   - Why not?은 상대방의 말에 동의하여 '좋지, 그러지' 의 의미로 쓰이기도 합니다.

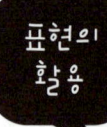

A _ **I couldn't agree with you more.**
B _ **I'm glad to hear that.**

   A _ 네 말에 전적으로 동의한다.
   B _ 그 말을 들으니 기뻐.

C _ **I hope Barack Hussein Obama becomes president of the United States.**
D _ **You can say that again!**

   C _ 나는 버락 후세인 오바마가 미국대통령이 됐으면 좋겠어.
   D _ 두말하면 잔소리지.

동의와 맞장구

동의

1. 당신이 맞아요.
   You're right. / That's right.
   유어 라잇 / 댓츠 라잇

2. 저도 그렇게 생각합니다.
   I think so, too.
   아이 띵크 쏘우 투우

3. 일리가 있습니다.
   That makes sense.
   댓 메익스 센스

4. 저도 같은 생각입니다.
   You read my mind.
   유 리드 마이 마인드

5. 그 것은 좋은 생각입니다.
   That sounds like a good idea.
   댓 싸운즈 라이 커 굳 아이디-어

맞장구

1. 물론이죠!
   Of course!
   어브 코스

2. 내말이 그 말이야!
   You said it!
   유 쎄드 잇

3. 아, 그랬어요?
   Oh, you did?
   오우 유 디드

4. 그래요?
   Is that so?
   이즈 댓 쏘우

07 내 조언을 따르는 것이 너한테 훨씬 좋을 거다!

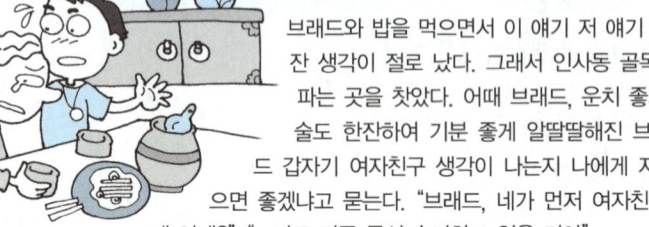

브래드와 밥을 먹으면서 이 얘기 저 얘기 하다 보니 술 한 잔 생각이 절로 났다. 그래서 인사동 골목을 뒤져 민속주 파는 곳을 찾았다. 어때 브래드, 운치 좋지? 배도 부르고 술도 한잔하여 기분 좋게 알딸딸해진 브래드와 나! 브래드 갑자기 여자친구 생각이 나는지 나에게 자기가 어떻게 했으면 좋겠냐고 묻는다. "브래드, 네가 먼저 여자친구에게 사과하는 게 어때?" "그녀도 지금 몹시 슬퍼하고 있을 거야"

 조언

1. 당신이 내 입장이라면 어떻게 하겠어요?
   What would you do in my position?
   왓 우 쥬 두 인 마이 퍼지션

   ○ 여기서 in my position은 '내 입장이라면' 이라는 뜻인데 in my shoes라고 해도 비슷한 표현입니다.

2. 당신이 나라면 어떻게 하겠어요?
   What would you do if you were me?
   왓 우 쥬 두 잎 유 워 미

3. 내 생각에는 그녀에게 먼저 사과하는 게 좋겠어요.
   I think you should apologize to her first.
   아이 씽크 유 슛 어팔러자이즈 투 허 퍼스트

   ○ 상대방에게 조언을 할 때에는 I think you should ~.라는 표현을 쓸 수 있습니다.

4. 내가 하라는 대로 하는 것이 하는 것이 좋을 거에요.
   You'd be better off doing as I suggested.
   유드 비 베러 어프 두잉 애즈 아이 써제스티드

표현의 활용

내가 여자에 대해서 뭘 안다고 조언을 해 줄 수 있겠느냐마는 그래도 주워들은 게 몇 년인데……

브래드 **What would you do in my position?**
동 수 If you still like her **I think you should apologize to her first.**
브래드 I still like her, but I think I need more time.
동 수 Don't think so much. It will only make you suffer more.
브래드 I know, but it's not easy to apologize.
동 수 **You'd be better off doing as I suggested.** It's probably the only way you can see her again.

브래드 내 입장이라면 어떻게 하겠어?
동 수 만약 아직도 그녀를 좋아한다면 그녀에게 먼저 사과하는 것이 좋을 것 같아.
브래드 좋아하지만 내 생각엔 시간이 더 필요해.
동 수 너무 많이 생각하지 마. 더 힘들기만 할 뿐이야.
브래드 알지만 사과 하는 것이 쉽지 안어.
동 수 내가 하라는 대로 하는 것이 좋을 거야. 아마 그것만이 네가 그녀를 다시 볼 수 있는 유일한 방법일 거야.

● 잠깐 알고 갈까요?

had better ~는 '~하는 편이 낫다'란 뜻입니다. 그러나 주어가 1인칭이 아닌 경우 어떤 경우에서는 위협의 의미도 내포할 수 있습니다. 가령 우리말로 '너 ~하는 게 신상에 좋을 걸?'이라는 표현이 위협의 의미가 있듯이 이 표현도 그런 의미를 풍길 수 있습니다. 그래서 이 말은 윗사람에게는 피하는 것이 좋습니다.

 **설득**

동수가 브래드에게 설득하는 말을 한다면…

1. 내가 만약 당신이라면 이렇게 해 보겠어요.
   If I were you, I'd do it this way.
   잎 아이 워 유 아이드 두 잇 디스 웨이
   ○ 여기서 way는 '방법, 방식' 을 나타냅니다.

2. 저를 믿으세요.
   Trust me.
   트러스트 미
   ○ 만약에 '내 말을 들으세요.' 라는 말을 하고 싶다면 You listen to me.라고 말하면 됩니다.

3. 저를 믿어도 됩니다.
   You can count on me.
   유 캔 카운트 언 미
   ○ count on은 '의지하다, 기대하다' 의 뜻입니다.

4. 저는 100% 확신합니다.
   I am one hundred percent sure of it.
   아이 앰 원 헌드러드 퍼센트 슈어 어브 잇

A_ **If I were you, I'd do it this way.**
B_ Do you think it will really work?
A_ I am one hundred percent sure of it. **You can count on me.**
B_ Okay. Let's try it your way.

A_ 내가 만약 너라면 이렇게 해 보겠어.
B_ 정말 될 거라고 생각하니?
A_ 나는 100% 확신해. 나를 믿어도 돼.
B_ 좋아. 네가 말한 대로 한번 해 보지.

 ## 설득과 협상

설득

1. 내 말대로 하세요.
   You heard me.
   유 허드 미

2. 다시 한 번 생각해 주시겠습니까?
   Would you think it over once more?
   우 쥬 띵크 잇 오우버 원스 모어

3. 내가 너라면 그렇게 안할 텐데.
   If I were you, I wouldn't do that.
   이프 아 워 유 아이 우든 두 댓

4. 이렇게 하면 어떨까요?
   How does this sound?
   하우 더즈 디스 싸운드

5. 전 사실대로 이야기하는 겁니다.
   I'm telling the truth.
   아임 텔링 더 츄루쓰

협상

1. 협상합시다.
   Let's make a deal.
   렛츠 메이 커 디얼

2. 타협의 여지가 좀 있을 겁니다.
   There may be some room for compromise.
   데어 메이 비 썸 룸 포 캄프러마이즈

3. 이성적으로 생각합시다.
   Let's be rational.
   렛츠 비 래이셔널

4. 자, 우리 조금씩 양보합시다.
   Come on, let's meet halfway.
   컴 어언 렛츠 미잇 해프웨이

08 그래, 결심했어!

잘 되지도 않는 영어로 어렵게 어렵게 브래드에게 내 생각을 얘기했다. 아이고, 힘들어! 브래드도 내 말을 신중하게 들으며 고민하는 것 같다. 음, 마지막 결정적 한 방이면 굳히기 한판이 될 것 같은데……. "싸우고 나서 우리 남자들은 서로의 잘못이라 생각하고 그냥 넘어가려고 하지만 여자들은 싸웠을 때의 감정을 이해하고 이해받기를 바라지 브래드, 어떻게 사과할까 고민하기보다는 그녀의 감정에 좀 더 충실해봐! 브래드, 뭔가를 결심한 것 같다.

 **결심**

1. 그 점에 대해 많이 생각해 봤어요.
   I thought about it a lot.
   아이 쏘오트 어바웃 잇 어 랏

   ○ think about은 '~에 대해 생각하다'의 뜻이고 a lot은 '많이, 매우'의 뜻입니다.

2. 결심했습니다.
   I've made up my mind.
   아이브 메이드 업 마이 마인드

   ○ '결심하다' 라는 말을 할 때에는 make up one's mind라는 표현을 쓸 수 있습니다.

3. 많이 생각해서 내린 결정입니다.
   I've put a lot of thought into it.
   아이브 풋 어 랏 어브 쏘오트 인투 잇

4. 이것이 내가 하고 싶은 일이라고 확신합니다.
   I'm sure this is what I want to do.
   아임 슈어 디스 이즈 왓 아이 원 투 두

 **표현의 활용**

문제가 발생했을 때 남자는 문제해결을 위해서 분석을 하려고 하지만 여자는 문제로 인해 발생하는 감정의 변화를 공유하는데 치중한다더군. 이 차이를 이해하지 못하면 바로 나처럼 되는 거야.

 **DIALOG**

브래드 **I thought about it a lot.**
동 수   So you've made your decision?
브래드 **Yes, I've made up my mind.** I'll call her and say I'm sorry.
동 수   That's the right thing to do. I know how hard it is.
브래드 It's what I have to do.

　　브래드　그 점에 대하여 많이 생각해 봤어.
　　동 수　그래서 결정은 했니?
　　브래드　그래 결정했어. 그녀에게 전화해서 미안하다 할 거야.
　　동 수　그게 바른 일이지. 그게 얼마나 힘든 것인지 잘 알아.
　　브래드　이게 내가 해야 할 일 이야.

● 잠깐 알고 갈까요?

어떤 일을 결심하지 못했을 때 My decision is still up in the air. 라는 표현을 할 수 있는데 직역하면 '내 결심은 공중에 있다'는 뜻이니 '나는 아직 결정을 하지 못했다.' 라는 뜻이 됩니다. in the air 는 '(계획 등이) 막연하여, 미정으로' 라는 뜻을 갖고 있습니다.

 ## 결정 유보

브래드가 어떤 일에 대해 결정을 하지 못한다면…

1. 결정하기 어렵습니다.
   ### It's a tough choice.
   잇츠 어 터프 초이스
   - tough는 '튼튼한, 억센, 질긴'의 뜻도 있지만 여기에서는 '힘든, 곤란한'의 뜻입니다.

2. 아직 결정을 못했습니다.
   ### I haven't decided yet.
   아이 해븐 디싸이드 옛
   - 결정하지 못하고 망설일 때 '글쎄요.'라는 표현은 Well, let me see.라고 말할 수 있습니다.

3. 결정하기에는 너무 이릅니다.
   ### It's too early to make up my mind yet.
   잇츠 투 어얼리 투 메익 컵 마이 마인드 옛

4. 당신이 결정하면 따라갈게요.
   ### You decide and I'll just follow.
   유 디싸이드 앤 아이 윌 저스트 팔로우
   - 만일 '당신에게 달렸습니다.' 하고 상대방에게 결정을 미룬다면 It depends on you.라는 표현을 쓸 수 있습니다.

A_ **It's a tough choice.**
B_ I know it is hard to decide, but you have to make a decision sometime.
A_ I know. **It's just too early to make up my mind yet.**
B_ Well, take your time, then.

A_ 결정하기 참 어렵네.
B_ 결정하기 힘든 것은 알고 있지만 너는 곧 결정을 해야 해.
A_ 알아. 단지 결정하기에는 너무 이른 것 같아.
B_ 음, 그러면 천천히 생각해.

결심과 결정유보

결심

1. 더 이상 얘기할 것도 없습니다.
   There's nothing more to discuss.
   데어즈 낫띵 모어 투 디스커스

2. 그것에 대해서 의심할 여지가 없습니다.
   There's no doubt about it.
   데어즈 노우 다웃 어바웃 잇

3. 어떤 일이 생기더라도 꼭 그것을 할거야.
   Come what may, I'll do it.
   컴 왓 메이 아윌 두 잇

4. 이미 많은 생각을 하고 낸 결정입니다.
   I've already given this a lot of thought.
   아이브 올레디 기번 디스 어 랏 오브 쏘우트

결정유보

1. 좀 더 생각할 시간이 필요합니다.
   I need more time to think about it.
   아이 니잇 모어 타임 투 띵크 어바웃 잇

2. 어떻게 해야 할지 모르겠다.
   I don't know where to turn.
   아이 돈 노우 웨어 투 턴

3. 아직 결정을 못했습니다.
   My decision is still up in the air.
   마이 디씨전 이즈 스틸 업 인 디 에어

4. 결정하기가 어렵습니다.
   It's hard to decide.
   잇츠 하앗 투 디싸이드

5. 조금 더 지켜보도록 하죠.
   Let's wait and see.
   렛츠 웨잇 앤 씨

연습문제

1
A_ 우리 쇼핑하러 가자.
B_ Is there anything you want to buy?
A_ Not really. But I want to see the new Guss bags.
B_ 쇼핑 후에 나가서 저녁 먹는 게 어때?
A_ Good idea. Let's do that.

A_ Let's go shopping.
B_ 사려고 마음먹은 게 있니?
A_ 그런 건 아니고. 하지만 게스에서 새로 나온 핸드백을 보고 싶어.
B_ After that why don't we go out for dinner?
A_ 좋은 생각이야. 그렇게 하자.

2
A_ 새로 오신 영문학 교수님에 대해서 어떻게 생각하니?
B_ I think he teaches well.
A_ 내 생각에는, he doesn't offer enough of his own ideas.
B_ But that just gives us more opportunity to think for ourselves.

A_ What do you think of our new English Literature professor?
B_ 내 생각에는 매우 잘 가르치시는 것 같아.
A_ In my opinion, 그는 그의 생각을 충분히 전해 주지 않는 것 같아.
B_ 하지만 그게 우리에게 스스로 생각할 기회를 더 주잖아.

3
A _ This is how you get to the post office. 알겠니?
B _ You've totally confused me.
A _ It's not that hard to get there from here.
B _ But I need you to explain one more time.

> A _ 이게 우체국까지 가는 방법이야. **Have you got it?**
> B _ 무슨 말인지 하나도 모르겠어.
> A _ 여기서 거기까지 가는 것은 그다지 힘들지 않아.
> B _ 하지만 나는 설명이 더 필요할 것 같아.

4
A _ Do you like classical music?
B _ Yes, very much. What about you?
A _ I don't like it very much.
B _ 어떤 음악을 좋아하니?
A _ I like rock a lot.

> A _ 클래식을 좋아하니?
> B _ 응, 정말 좋아해. 너는?
> A _ 별로 좋아하지 않아.
> B _ **What kind of music do you like?**
> A _ 나는 록을 좋아해.

5
A _ Korean music is not very good.
B _ 나는 동의할 수 없어. You've only listened to one song!
A _ But it's not my style.
B _ There are many kinds of Korean music. I'm sure there's something you'll like.

A _ 한국 음악은 좋지 않은 것 같아.
B _ I can't agree with you. 너는 한국 음악을 단지 한 곡만 들었을 뿐이잖아!
A _ 하지만 내 스타일이 아닌 걸.
B _ 한국 음악은 여러 종류가 있고 네가 좋아할 만한 것도 있을 거야.

6
A _ I don't like gang movies. There's too much violence.
B _ 동감이야. But the violence and action are what make gang movies popular.
A _ I know, but I like other kind of movies.
B _ Me too.

A _ 갱 영화는 별로야. 폭력적인 장면이 너무 많아.
B _ I feel the same way. 하지만 폭력과 액션이 갱 영화를 인기 있게 만들잖아.
A _ 알아, 하지만 나는 다른 영화가 좋아.
B _ 나도 그래.

7
A _ 내 생각에는 네가 먼저 사과하는 게 좋을 것 같아.
B _ I think you're right. She only said it for my sake. I'll go home and apologize to her.
A _ You'll be better off.

> A _ I think you should apologize to her first.
> B _ 네 말이 맞는 것 같아. 단지 나를 위해 말하신 것 뿐인데. 집에 가서 사과를 해야겠어.
> A _ 그러는 편이 낫다.

8
A _ 결정했어.
B _ Really? I'm happy to hear that. I hope you are happy with your decision.
A _ 많이 생각해서 내린 결정이야.
B _ You're doing what's best for you.

> A _ I've made up my mind.
> B _ 진짜? 그 말을 들으니 다행이야. 네가 네 결정에 만족했으면 좋겠다.
> A _ I've put a lot of thought into it.
> B _ 그게 너에게 제일 좋은 거야.

기초 표현

만남과 인사

초대와 약속

감정의 표현

의견 말하기

    어느덧 길게만 느껴졌던 3개월이 다 되어 브래드와 헤어질 때가 되어 간다. 그런데 안도의 한숨보다 뭔가 섭섭한 기분이 드는 것은 왜 일까? 생각해 보면 브래드는 참 좋은 녀석인 것 같다. 한국 생활의 가이드라고 소개 받은 놈이 형편없는 영어실력으로 버벅 거려도 불평 없이 잘 들어 주고 거기다가 친절하게 영어도 가르쳐 주고. 그 덕분에 지금 나는 유창하지는 않지만 웬만한 기초회화는 할 수 있을 정도가 되었으니…… 그러나 달

Chapter 05
전화하기

리 생각해 보면 브래드도 나와 같이 지내면서 한국에 대해 짧은 시간이나마 많은 것을 알게 되었으니 괜찮은 시간을 보낸 거겠지. 게다가 여자 친구와 다시 잘 지낼 수 있도록 결정적 조언도 해 주고 말이야. 어쨌든 브래드에게도 나에게도 다 좋은 시간이었는데 이렇게 헤어지려고 하니 왠지 섭섭하다. 잘 가, 브래드! 또 볼 수 있을 거야.

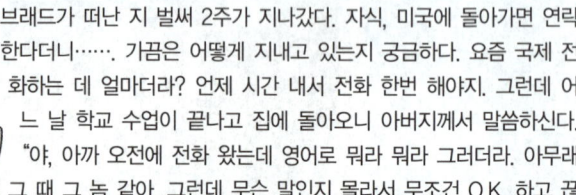

01 간만에 전화 걸었는데… 부재중이라니!

브래드가 떠난 지 벌써 2주가 지나갔다. 자식, 미국에 돌아가면 연락한다더니……. 가끔은 어떻게 지내고 있는지 궁금하다. 요즘 국제 전화하는 데 얼마더라? 언제 시간 내서 전화 한번 해야지. 그런데 어느 날 학교 수업이 끝나고 집에 돌아오니 아버지께서 말씀하신다. "야, 아까 오전에 전화 왔는데 영어로 뭐라 뭐라 그러더라. 아무래도 그 때 그 놈 같아. 그런데 무슨 말인지 몰라서 무조건 O.K. 하고 끊었다." 자식, 이제 서야 전화를 하다니……. 아버지에게 좀 혼나더라도 국제 전화 한번 해야겠다.

 **부재중 전화**

1. 여보세요. 브래드와 통화하고 싶습니다.
   Hello. Can I speak to Brad?
   헬로우 캔 아이 스픽 투 브랫
   ⊙ 전화상에서 '누구신가요?' 는 Who's calling, please?라고 하면 됩니다.

2. 미안하지만, 그는 지금 없는데요.
   Sorry, but he isn't here right now.
   쏘리 벗 히 이즌트 히어 라잇 나우
   ⊙ '잠깐 나갔다' 라는 표현은 He just stepped out for a moment.라고 말할 수 있습니다.

3. 그는 언제 돌아올까요?
   When do you expect him back?
   웬 두 유 익스펙트 힘 백액

4. 메시지를 남기시겠어요?
   Would you like to leave a message?
   우 쥬 라익 투 리브 어 메세쥐
   ⊙ '메시지를 남기다' 는 leave a message, '메시지를 받다' 는 take a message라고 표현하면 됩니다.

# 대화 표현의 활용

전화를 걸고 기다리는데 전화를 받는 사람은 브래드가 아니라 여자 목소리! 헉, 순간 당황! 당연히 브래드가 받을 줄 알았는데…….

DIALOG

브래드 엄마	Hello.
동 수	**Hello. Can I speak to Brad?**
브래드 엄마	**Sorry, but he isn't here right now.** Who's calling, please?
동 수	It's his friend Dongsu. **When do you expect him back?**
브래드 엄마	He's not in at the moment, but he should be back soon. Would you like to leave a message?
동 수	Thank you. Can you tell him Dongsu called?
브래드 엄마	Sure. I'll let him know.

브래드 엄마	여보세요.
동 수	여보세요. 브래드와 통화할 수 있나요?
브래드 엄마	미안하지만 그는 지금 없는데요. 누구신가요?
동 수	저는 브래드의 친구 동수입니다. 브래드 언제 들어오나요?
브래드 엄마	그는 지금은 없지만 금방 들어올 거예요. 메시지를 남기시겠어요?
동 수	감사합니다. 제가 전화했다고 전해 주시겠어요?
브래드 엄마	브래드에게 꼭 전해 줄게요.

잘못 걸었을 때의 표현

동수가 전화를 잘못 걸었다면…

1. 죄송하지만 전화를 잘못 거셨습니다.
   ### I'm sorry, you have the wrong number.
   아임 쏘리 유 해브 더 롱 넘버

   ○ 전화가 잘못 걸려 왔을 때 그냥 You have the wrong number.라고 하는 것보다 앞에 I'm sorry 나 I'm afraid를 붙이는 것이 좀 더 교양 있는 표현입니다.

2. 그런 이름을 가진 사람은 여기 없습니다.
   ### There is no one here by that name.
   데어 이즈 노 원 히어 바이 댓 네임

   ○ Nobody here has that name.이라고 해도 비슷한 표현입니다.

3. 몇 번에 거셨습니까?
   ### What number did you dial?
   왓 넘버 디 쥬 다이얼

4. 번거롭게 해 드려서 죄송합니다.
   ### I'm sorry to have bothered you.
   아임 쏘리 투 해브 바더드 유

A_ Hello. Can I speak to Brad?
B_ **I'm sorry, you have the wrong number.**
A_ Oh! I'm sorry to have bothered you.

A_ 여보세요. 브래드와 통화할 수 있나요?
B_ **미안하지만 전화 잘못 거신 것 같습니다.**
A_ 오! 번거롭게 해 드려서 죄송합니다.

 **부재중 전화와 잘못 건 경우**

부재중 전화

1. 잠깐 나가셨습니다.
   He just stepped out for a moment.
   히 저스트 스텝트 아웃 포 어 모우먼트

2. 아직 안 나오셨어요.
   He's not in yet.
   히즈 낫 인 옛

3. 5시까지는 들어올 거라고 생각합니다.
   I expect him back by five.
   아이 익스펙트 힘 백 바이 파이브

4. 민호가 전화했다고 전해 주시겠어요?
   Could you tell him that Minho called?
   쿠 쥬 텔 힘 댓 민호 콜드

5. 들어오면 전화해 달라고 전해 주시겠어요?
   Could you ask him to call me back when he comes in?
   쿠 쥬 애스크 힘 투 콜 미 백 웬 히 컴즈 인

잘못 건 경우

1. 337-3070이 아닙니까?
   Is this 3291-3088?
   이즈 디스 뜨리 투 나인 원 뜨리 오우 에잇 에잇

2. 아닙니다. 여기는 337-3073입니다.
   No, it's 3291-3089.
   노우 잇츠 뜨리 투 나인 원 뜨리 오우 에잇 나인

3. 번호는 맞지만, 그런 이름을 가진 사람은 없습니다.
   That's this number, but there's nobody by that name.
   댓츠 디스 넘버 벗 데어스 노바디 바이 댓 네임

4. 그 사람은 이제 여기 살지 않습니다.
   He's not here anymore.
   히즈 낫 히어 애니모어

02 전화통화로 나마 목소리를 들으니 반갑다. 친구야!

아이고, 힘들게 전화했는데 이 놈 어디 간 거야? 2시간 뒤에 다시 전화하라고 했으니 그 때 다시 해 봐야겠다. 아버지는 국제 전화인 줄 아시면서도 아들이 유창한(아버지 듣기에는 ^^) 영어로 통화를 하니 흐뭇하시는 것 같다. 그런데 영어로 전화를 한다는 게 생각보다 쉽지 않다. 브래드와 서로 얼굴을 맞대고 이야기할 때에는 브래드의 표정과 몸짓을 보면 대충 이해가 됐는데 전화로는 그렇지 않으니 말이다. 그나저나 얼추 시간이 된 것 같은데 다시 한 번 전화해 봐야겠다.

 **전화 통화**

1. 여보세요. 브래드와 통화하고 싶습니다.
   Hello. I'd like to speak to Brad.
   헬로우 아이드 라익 투 스픽 투 브랫
    '~하고 싶다' 라고 할 때에는 I'd like to ~. 라고 표현하면 됩니다.

2. 잠시만 기다리세요. 바꿔 줄게요.
   Hold on a second, please. I'll get him for you.
   홀드 언 어 쎄컨드 플리즈 아이 윌 겟 힘 포 유
   ○ Hold on a second.와 비슷한 표현은 Wait a minute., Hold the line., Hang on. 등이 있습니다.

3. 브래드, 저 동수입니다. 잘 지냈어요?
   Hi, Brad. This is Dongsu. How are you?
   하이 브랫 디스 이즈 동수 하우 아 유
   ○ 전화상에서 '저는 ~입니다.' 하고 자신을 밝힐 때에는 This is ~.로 표현합니다.

4. 목소리를 다시 들으니 기쁩니다.
   It's good to hear your voice again.
   잇츠 굿 투 히어 유어 보이스 어겐

 **대화 표현의 활용**

이번에는 냉큼 브래드가 받아야 하는데……

 DIALOG

동 수	Hello. I'd like to speak to Brad.
브래드 엄마	**Hold on a second, please. I'll get him for you.**
동 수	Thank you.
브 래 드	Hello?
동 수	**Hi, Brad. This is Dongsu. How are you?**
브 래 드	I'm doing well. **It's good to hear your voice again.**

동 수	여보세요. 브래드와 통화하고 싶습니다.
브래드 엄마	**잠시만요. 그를 바꿔 줄게요.**
동 수	감사합니다.
브 래 드	여보세요.
동 수	**안녕, 브래드. 나 동수야. 잘 지냈어?**
브 래 드	잘 지내고 있지. **목소리를 다시 들으니 반갑다.**

● **잠깐 알고 갈까요?**

미국은 네 지역으로 나뉘어 시차가 존재합니다. LA, 샌프란시스코 등 서부는 0시가 우리 나라 오후 5시 정도이고, 피닉스, 덴버 등 산악 지역의 0시는 우리 나라 오후 4시입니다. 그리고 시카고, 달라스 등 중부 지역은 0시가 우리 나라 오후 3시, 뉴욕, 보스턴, 신시네티 등 동부 지역은 0시가 우리 나라 오후 2시입니다. 그러니 미국에 전화를 할 때 시차를 잘 계산해야 합니다.

 ## 전화 받기 곤란한 경우

브래드가 전화 받기가 곤란한 상황이라면…

1. 전화 받기 지금 좀 곤란해요.
   ### It's not a good time for me.
   잇츠 나앗 어 굿 타임 포 미
   - 전화 받기 곤란해서 '5분 후에 다시 전화해 주실래요?' 라는 표현은 Could you call back again in five minutes?라고 하면 됩니다.

2. 지금 좀 바쁘군요.
   ### I'm kind of busy at the moment.
   아임 카인드 어브 비지 앳 더 모우먼트
   - 여기서 kind of는 '약간'이라는 표현입니다.

3. 지금 중요한 일을 하고 있어요.
   ### I'm in the middle of something quite important.
   아임 인 더 미들 어브 썸씽 콰잇 임포턴트
   - in the middle of는 '~의 도중에, ~의 한복판에, ~의 중앙에' 라는 뜻입니다.

4. 바로 내가 전화할게요.
   ### I'll call you back in just a few minutes.
   아이 윌 콜 유 배액 인 저스 터 퓨 미닛츠

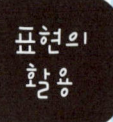

A _ **This is not a good time for me. I'm kind of busy at the moment.**
B _ What are you doing?
A _ **I'm in the middle of something quite important.**
B _ I'll call you later then.

A_ 전화 받기 지금 좀 곤란한데. 지금 좀 바쁘거든.
B_ 지금 뭐 하는데?
A_ 지금 중요한 일을 하고 있어.
B_ 나중에 다시 전화할게.

 ## 전화 걸 때와 바꿔줄 때

전화 걸 때

1. 누구신가요?
   Who's calling, please?
   후즈 콜-링 플리-즈

2. 여보세요, 저는 민호입니다.
   Hello, This is Minho.
   헬로 디스 이즈 민호

3. 어느 분을 찾으시나요?
   Whom would you like to speak to?
   훔 우 쥬 라익 투 스픽 투

4. 접니다.(찾는 사람이 자기일 때)
   Speaking.
   스피킹

바꿔줄 때

1. 바꿔 드리겠습니다.
   I'll put him through.
   아윌 풋 힘 뜨루우

2. 민호가 당신과 통화하기를 바랍니다.
   Minho would like to speak with you.
   민호 우드 라익 투 스픽 윗 유

3. 샐리, 전화 받아요.
   Sally, there a call for you.
   샐리 데어즈 어 콜 포 유

4. 그는 지금 회의중입니다.
   He's in a meeting right now.
   히즈 인 어 미-링 라잇 나우

5. 지금은 전화를 받으실 수 없습니다.
   He can't come to the phone right now
   히 캔트 컴 투 더 포운 라잇 나우

03 이제 그만 전화를 끊어야겠다!

드디어 낯익고 반가운 브래드의 목소리! 브래드도 무지 반가워한다. 전혀 생소한 한국이란 나라에서 내 덕분에 즐겁고 유익하게 보냈다고 하네. 자식, 역시 예의바른 놈이야! 브래드, 나도 네 덕분에 학교에서 체면 좀 섰다. 여자 친구와는 어떠냐고 물었더니 그 전보다 더 좋아졌다고 한다. 이것도 내 덕분이라고? ^^ 한참 동안을 브래드와 통화하고 있는데 뒤통수가 따끔거린다. 뒤를 돌아보니 긴 국제 전화에 아버지 심기가 불편하신 것 같다.

 전화 끊기

1. 이제 그만 끊어야겠습니다.
   I have to go now.
   아이 햅 투 고우 나우

   ○ 전화상에서 I have to go. 라고 하면 '끊어야겠다' 라는 표현이 됩니다.

2. 얘기 정말 즐거웠습니다.
   Nice talking to you.
   나이스 토킹 투 유

   ○ '나중에 또 얘기해요.' 라는 말은 Talk to you later. 라고 말할 수 있습니다.

3. 전화해 줘서 기쁩니다.
   I'm glad you called.
   아임 글랫 유 콜드

   ○ '~해서 기쁘다' 라고 할 때에는 I'm glad ~ 라는 표현을 쓰면 됩니다.

4. 전화해 줘서 고마워요.
   Thank you for calling.
   땡 큐 포 콜링

대화 표현의 활용

아버지는 아들이 영어로 외국인과 전화 통화를 하는것에 대해 흐뭇해 하시면서도 국제전화비가 아깝기도 하신 모양, 그러면 정도껏 하고 이만 전화를 끊어야겠네.

DIALOG

동 수   **I have to go now.**
브래드 Already? Time sure flies.
동 수   I know, but my father's staring at me, so I'd better get off the phone.
브래드 Okay, I understand.
동 수   **Nice talking to you.** Talk to you later.
브래드 Okay. Bye.

    동 수   이제 그만 끊어야겠다.
    브래드 벌써? 시간이 너무 빨리 가는군.
    동 수   그래. 그러나 아버지가 나를 노려봐서 전화를 끊는 것이 나을 것 같아.
    브래드 좋아, 이해해.
    동 수   얘기 정말 즐거웠어. 나중에 통화하자.
    브래드 그래 그럼 이만.

● 잠깐 알고 갈까요?

만약 전화를 하다가 통화 장애로 인하여 상대방이 무슨 말을 하는지 잘 안 들린다면 I can't hear you.라는 표현을 쓰면 됩니다. 또한 상대방의 말이 무슨 말인지 잘 이해를 못했다면 I am not following you.라는 표현을 쓸 수 있습니다.

 통화 장애

통화중에 전화 상태가 양호하지 않다면…

1. 당신 말이 잘 안 들려요.
   Your voice is not clear.
   유어 보이스 이즈 나잇 클리어
   - 소리가 들렸다 안 들렸다 하면 The phone keeps fading in and out. 라는 표현을 쓰면 됩니다.

2. 내 말 들려요?
   Can you hear me?
   캔 유 히어 미

3. 제 전화기에 이상이 있는 것 같군요.
   Something's wrong with my phone.
   썸띵즈 롱 윗 마이 포운
   - '무언가 잘못됐다' 라는 표현은 Something's wrong with ~. 라는 표현을 쓸 수 있습니다.

4. 좀 크게 말해 줄래요?
   Would you speak a little louder?
   우 쥬 스픽 커 리틀 라우더

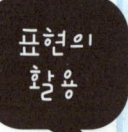

A _ Your voice is not clear. **Would you speak a little louder, please?**
B _ Hello? Can you hear me now?
A _ **I think something's wrong with my phone.**
B _ No, I think it is because I'm in the basement.

A_ 네 말이 잘 안 들려. 좀 크게 말해 줄래?
B_ 여보세요? 이제 잘 들리니?
A_ 내 전화기에 이상이 있는 것 같아.
B_ 아니야, 내가 지하실에 있어서 그런 것 같아.

158

전화 끊기와 통화 장애

전화 끊기

1. 이만 통화를 끝내야겠어요.
   We'd better finish up.
   위드 베러 피니쉬 업

2. 당신 시간을 너무 빼앗은 것 같군요.
   I've taken up so much of your time.
   아이브 테이컨 업 쏘우 머취 오브 유어 타임

3. 또 전화주세요.
   Please call again.
   플리즈 콜 어겐

4. 다른 전화가 왔습니다.
   I have a call on the other line.
   아이 해브 어 콜 온 디 아더 라인

통화 장애

1. 다시 한 번 말씀해 주실래요?
   Could you repeat that, please?
   쿠 쥬 리피잇 댓 플리−즈

2. 연결 상태가 좋지 않군요.
   We have a bad connection.
   위 해브 어 배앳 커넥션

3. 잘 안 들립니다. 다시 전화해 주시겠어요?
   I can't hear you. Can you call again?
   아이 캔트 히어 유 캔 유 콜 어게인

4. 다른 전화기로 다시 걸겠습니다.
   I'll call you back on another line.
   아윌 콜 유 백 온 어나더 라인

5. 지금은 어때요? 나아졌나요?
   How's this now? Is this better?
   하우즈 디스 나우 이즈 디스 베러

연습문제

1
A _ 여보세요. 수진과 통화할 수 있을까요?
B _ She isn't here right now. 메시지를 남기시겠어요?
A _ Yes, Could you ask her to call Sally?
B _ Okay.

> A _ Hello. Can I speak to Sujin?
> B _ 수진이 지금 집에 없는데요. Would you like to leave a message?
> A _ 샐리에게 전화를 해 달라고 말씀해 주시겠어요?
> B _ 그럴게요.

2
A _ 여보세요. 수진과 통화하고 싶습니다. This is her friend Sally.
B _ 잠깐 기다려요. Let me just go get her.
A _ This is Sujin speaking.
B _ Hi. Sujin. This is Sally.

> A _ Hello. I'd like to speak to Sujin. 저는 수진이 친구 샐리예요.
> B _ Hold on a second. 수진이 바꿔 줄게요.
> A _ 수진입니다.
> B _ 안녕. 수진. 나 샐리야.

3
A _ 이제 그만 끊어야겠어. My mother is calling me.
B _ Okay. 얘기 즐거웠어.
A _ Call me anytime you want. And if I'm not home, just leave me a message.
B _ Okay. I'll call you later.

> A _ **I have to go now.** 어머니가 나를 부르네.
> B _ 그래. **Nice talking to you.**
> A _ 하고 싶을 때 언제든지 전화해. 그리고 내가 없으면 메시지를 남기고.
> B _ 좋아. 나중에 또 전화할게.

Part 02

국외편

Chapter 01 출발과 도착
Chapter 02 쇼핑
Chapter 03 미국생활
Chapter 04 여가와 취미
Chapter 05 식당에서
Chapter 06 여행하기

영어에 조금, 아주 조금 자신감이 생긴 나. 그러나 그 조금이 많은 변화를 주었다. 예를 들어 지하철에 외국인이 있으면 혹시 나에게 길이라도 물어볼까봐 슬금슬금 피했는데 이제는 무슨 애기들을 하나 귀가 쫑긋해지고 게다가 미끈한 처자들이면 나에게 무언가를 물어보기를 바라기도 한다.
 그건 그렇고 브래드는 20살 때부터 틈틈이 세계 여러 곳을 두루 돌아다녔다고 한다. 그래! 내가 대학생이 되고 나서 진정으로 하고 싶었던 것이 그런 것이었을 수도 있는데 시도조차 하지 못하고 4학년이 되다니… 아니지, 깨달았을 때가 가장 빠른 거라고 지금도 늦지 않았어!

출발과 도착

쇼핑하기

여가와 취미

미국 생활

식당에서

여행하기

늦진 않았지만 어디로? 어떻게? 막막하네… 아, 맞다! 친척누나가 미국에서 생활하고 있지!
　누나는 외국인 회사에 다니다 지금은 로스쿨에 다니는 억순이. 그래, 누나한테 가서 거기서 아르바이트도 하고 조카들도 돌보면 좋아하겠군. 누나는 당연히 ok이지만 문제는 아버지! 내가 무엇을 하든지 믿지 못하시는 분. 돈도 꽤 들어가고 학교도 쉬어야 하는데 선뜻 허락하실까? 그래서 3 개월간 온갖 아르

Chapter 01
출발과 도착

바이트를 하고 밤에는 영어회화공부를 정말 열심히 했지 그리고 그렇게 모은 돈과 함께 나의 결심을 아버지께 보여드렸더니 꽉 막힌 분으로만 알았던 아버지가 "인생에서 1~2년은 그렇게 긴 기간이 아니야 더 중요한건 변화의 기회를 놓치지 말아야 한다는 것이지"라며 선뜻 거금을 도와주시지 뭐야, 우, 나 감동먹었어.

비행기에서, 내 좌석은 어디지?

출국 준비를 끝내고 출발하는 날 걱정하는 부모님의 눈빛을 뒤로 하고 공항에 도착 (꼭 기분이 군대 갈 때 같네…….) 비행기는 미국의 모 항공사이다. 캬~, 영화에서나 본 금발에 쭉쭉 빵빵한 스튜디어스 아가씨들을 상상하니 마음 한 구석에 있는 두려움도 사라진다. 그런데 막상 비행기에 타니 이건 솥뚜껑만한 손에 드럼통만한 허리의 미국 아줌씨들만 있는 거 아닌가?(완전 가발 쓴 밥 샙 같았다.) 그럴 리 없어! 청소하는 분들이겠지. 아니면 비행기 끄는 분들일지도……. 아니었다! 분명 스튜디어스 유니폼을 입은 승무원들이었다.

 ## 비행기 좌석확인과 교환

1. 실례지만 제 자리가 어디입니까?
   Excuse me. Where is my seat?
   익스큐즈 미 웨어 이즈 마이 씨잇
   - '~는 어디에 있나요?' 라는 말은 Where is ~?라는 표현을 쓸 수 있습니다.

2. 내 좌석은 19-C입니다. 그 자리가 어디입니까?
   My seat number is 19-C. Where is that?
   마이 씨잇 넘버 이즈 나인틴-씨 웨어 이즈 댓
   - 참고로 창가쪽 좌석은 window seat, 통로쪽 좌석은 aisle seat라고 합니다.

3. 실례지만, 제 자리에 앉아 계신 것 같습니다.
   Excuse me, but I think you're sitting in my seat.
   익스큐즈 미 벗 아이 씽크 유어 씨팅 인 마이 씨잇

4. 저와 자리를 바꿔 주시겠습니까?
   Would it be possible for us to change our seats?
   우드 잇 비 파서블 포 어스 투 체이쥐 아워 씨이츠
   - 자리를 바꿔 달라고 말하면서 '~와 같이 앉고 싶어서 그럽니다.' 라고 말한다면 I'd like to sit with ~.라고 하면 됩니다.

 대화 　표현의 활용

어, 그런데 내 좌석에 어떤 다른 사람이 앉아 있잖아? 이게 어떻게 된 거야? 혹시 비행기 잘못 탄 거 아냐?

 DIALOG

동　수　(탑승권을 보여 주며) **Excuse me. Where is my seat?**
스튜어디스　You're in seat 19-C. It's on your left.
동　수　Thank you.

＊＊＊＊＊＊

동　수　**Excuse me sir, but I think you're sitting in my seat.**
외 국 인　Oh, I'm sorry. **Would it be possible for us to change our seats?** I'd like to sit with my colleague, if you don't mind.
동　수　No problem.

동　수　실례합니다. 제자리가 어디죠?
스튜어디스　좌석 번호가 19-C이군요. 손님 왼편에 있습니다.
동　수　감사합니다.

＊＊＊＊＊＊

동　수　실례지만 제 자리에 앉으신 것 같습니다.
외 국 인　아, 죄송합니다. 저와 자리 좀 바꿔 주시겠어요? 괜찮으시다면, 제 동료와 같이 앉고 싶어서 그럽니다.
동　수　그러세요.

 ## 항공편 예약

만약에 동수가 전화로 비행기를 예약한다면…

1. 뉴욕으로 가는 항공편을 예약하고 싶습니다.
   I'd like to make a reservation for a plane ticket to New York.
   아이드 라익 투 메이 커 레줘베이션 포 어 플레인 티킷 투 뉴욕
   ○ make a reservation은 '예약하다' 라는 표현입니다.

2. 언제 출발하시겠습니까?
   What day would you like to leave?
   왓 데이 우 쥬 라익 투 리브
   ○ 만약 10월 10일에 떠난다면 I'd like to leave on the 10th of October.라고 말하면 됩니다.

3. 언제 돌아오시겠습니까?
   When will you return?
   웬 윌 유 리턴

4. 편도표를 원하십니까, 왕복표를 원하십니까?
   Would you like a one-way or a round-trip ticket?
   우 쥬 라익 커 원-웨이 오어 어 라운드-트립 티킷
   ○ 편도표는 one-way ticket, 왕복표는 round-trip ticket이라고 표현합니다.

A _ **I'd like to make a reservation for a plane ticket to New York.**
B _ **Would you like a one-way or a round-trip ticket?**
A _ **Please make it a round-trip ticket.**

A _ 뉴욕으로 가는 항공편을 예약하고 싶습니다.
B _ 편도표를 원하십니까, 왕복표를 원하십니까?
A _ 왕복표로 해 주세요.

비행기 좌석과 항공편 예약

좌석확인과 교환

1. 좌석 찾는 것을 도와 드릴까요?
   May I help you find your seat?
   메이 아이 헬 퓨 파인 유어 씨잇

2. 손님 좌석은 비행기 우측에 있습니다.
   Your seat is on the right side of the plane.
   유어 씨잇 이즈 온 더 라잇 싸이드 오브 더 플레인

3. 제 자리에 앉으신 것 같습니다.
   I think you're sitting in my seat.
   아이 씽크 유어 씨팅 인 마이 씨잇

4. 제 좌석을 바꿀 수 있을까요?
   Can I change my seat?
   캔 아이 췌인쥐 마이 씨잇

5. 제 동료와 함께 앉고 싶습니다.
   I'd like to sit together with my companion.
   아이드 라익 투 씻 투게더 윗 마이 컴패니언

항공편예약

1. 10월 18일에 떠나려고 합니다.
   I'd like to leave on the 18th of October.
   아이드 라익 투 리브 언 더 에이틴쓰 어브 악토우버

2. 10월 18일자 시카고행 비행기표를 구할 수 있을까요?
   Could I get a ticket for Chicago on October 18?
   쿳 아이 겟 어 티킷 포 시카고 언 악토우버 에이틴

3. 시카고행 비행기가 얼마나 자주 있습니까?
   How often do you have flights to Chicago?
   하우 오픈 두 유 해브 플라잇츠 투 쉬카-고우

4. 비행 시간이 얼마나 걸리죠?
   How long does the flight take?
   하우 롱 더즈 더 플라잇 테익

02 공짜라면 양잿물도 마시는데 하물며 기내 서비스 라면…

우이 씨, 한두 시간도 아니고 이렇게 오랜 시간을 앉아만 있자니 좀이 쑤시고 미칠 것만 같다. 잡지라도 볼까? 영화는 안 하나? 스튜어디스들에게 물어봐야지. 잠시 후 스튜어디스가 카트를 밀며 음료 서비스를 시작한다. 어, 술도 있네? 공짜 술이라면 자다가도 벌떡 일어나는 난데……. 냴름 한 잔을 원샷으로 마시고 또 한 잔을 받아 마셨더니 고도가 높아서 그런지 머리가 핑 도는 것 같다.

 **기내서비스이용**

1. 마실 것은 어떤 것이 있습니까?
   What kind of drinks do you have?
   왓 카인드 오브 드링스 두 유 해브
   - drink는 술을 포함한 마실 것을 뜻하고 알코올이 포함되지 않은 청량음료는 soft drink라고 표현합니다.

2. 와인 한 잔 주세요.
   I'd like a glass of wine, please.
   아이드 라익 커 글래스 어브 와인 플리즈
   - 일반적으로 찬 음료는 glass에 담고, 더운 음료는 cup에 담는 것이 보통입니다.

3. 물 좀 주시겠어요?
   May I have a glass of water, please?
   메이 아이 해 버 글래스 어쁘 워터 플리즈

4. 읽을 것이 있나요?
   Do you have anything to read?
   두 유 햅 에니씽 투 리드

 **표현의 활용**

이 얼마나 비싼 항공료냐? 무료 서비스는 가능한 한 최대로 이용해야지.

스튜어디스	Would you like something to drink?
동 수	**What do you have?**
스튜어디스	We have wine, mineral water, juice, and a few other beverages.
동 수	**I'd like a glass of wine, please.**
스튜어디스	Can I get you anything else?
동 수	**Do you have anything to read?**

스튜어디스	마실 것을 드릴까요?
동 수	어떤 게 있나요?
스튜어디스	와인, 미네랄 워터, 쥬스, 그리고 여러 가지가 더 있습니다.
동 수	와인 한 잔 주세요.
스튜어디스	더 필요한 거 없으세요?
동 수	읽을 것 좀 있나요?

● 잠깐 알고 갈까요?

승무원을 부를 때는 큰 소리로 부르거나 손짓을 하는 것보다는 좌석의 윗부분이나 옆 부분에 있는 콜버튼을 눌러 승무원을 부르는 것이 좋습니다. 기내서비스로 나오는 술을 마실 때에는 한 잔 정도는 숙면을 위해 도움이 되지만 기압으로 인해 지상보다 빨리 취하므로 많이 마시지 않도록 합니다.

 비행기에서 몸이 불편할 때

동수가 기내에서 몸이 좋지 않다면…

1. 몸이 좋지 않아요.
   I don't feel very well.
   아이 돈 필 베리 웨엘

2. 속이 울렁거립니다.
   I feel a bit nauseous.
   아이 필 어 빗 노지어스
   ○ nauseous는 '토할 것 같은, 욕지기나게 하는'의 뜻입니다.

3. 토할 것 같습니다. 멀미용 봉지를 주시겠습니까?
   I feel like throwing up. Could you give me an airsickness bag?
   아이 필 라익 쓰로잉 업 쿠 쥬 깁 미 언 에어씩니스 배액
   ○ throw up은 '토하다'라는 뜻으로 비슷한 표현은 vomit입니다. 그리고 airsickness는 비행기 멀미를 뜻하는 표현입니다.

4. 소화에 도움이 될 만한 것이 있습니까?
   Do you have something to aid digestion?
   두 유 햅 썸씽 투 에이드 디줴스쳔

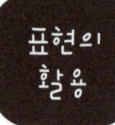

A _ **I feel a bit nauseous.**
B _ Should I get you an airsickness bag?
A _ **Do you have something to aid digestion?**
B _ Why don't I get you some cola?

A _ 속이 울렁거립니다.
B _ 멀미용 봉지를 드릴까요?
A _ 소화에 도움이 될 만한 것이 있습니까?
B _ 콜라 좀 갖다 드릴까요?

 ## 기내 서비스와 몸이 불편할 때

기내 서비스

1. 담요를 가져다 주시겠어요?
   Could you get me a blanket, please?
   쿠 쥬 겟 미 어 블랭킷 플리즈

2. 영화는 언제 상영합니까?
   When do you show the movie?
   웬 두 유 쇼우 더 무비

3. 기내식은 나오나요?
   Would meals be provided on this flight?
   우드 밀즈 비 프로바이드 언 디스 플라잇

4. 닭고기와 쇠고기 중 어떤 것으로 하시겠습니까?
   Would you prefer chicken or beef?
   우 쥬 프리퍼 치킨 오어 비프

5. 저는 쇠고기로 하겠습니다.
   I'll have the beef, please.
   아월 해브 더 비프 플리즈

몸이 불편할 때

1. 어디가 아프십니까?
   What's the matter with you?
   왓츠 더 매러 윗 유

2. 머리가 어지럽습니다.
   My head is spinning.
   마이 헤드 이즈 스피닝

3. 멀미약이 있나요?
   Do you have pills for airsickness?
   두 유 해브 필즈 포 에어씩니스

4. 약을 가져다 드리겠습니다.
   I'll bring you some medicine.
   아월 브링 유 썸 메더슨

드디어 도착, 입국 심사대 앞에서다!

드디어, 최종 목적지! 빅 애플, 뉴욕! 내리는 사람들 뒤를 졸졸 따라 가니 입국심사대. 줄을 서서 내 차례가 오기를 기다리는데 점점 줄이 짧아질수록 왠지 모르게 가슴이 벌렁거린다. 꿀꺽! 죄 지은 것도 없는데……. 다시 한 번 여권과 출입국신고서, 세관신고서 등을 살펴보고 나니 어느 새 내 차례. 입국심사관이 나를 한 번 쑥 훑어보며 질문을 하는데, 어쩜 여행 전 서점에서 구입한 여행영어책에 나오는 표현과 똑같은 질문을 할 수가! 하여튼 다행이다. 무사히 통과!

 입국 심사

1. 여권 좀 보여주시겠습니까?
   May I see your passport, please?
   메이 아이 씨 유어 패스폿 플리즈
   - '여기 있습니다.' 라는 표현은 Here you are.라고 하면 됩니다.

2. 방문 목적이 무엇입니까?
   What's the purpose of your visit?
   왓츠 더 퍼포즈 어 뷰어 비짓
   - 방문 목적을 말할 때 '~하려고 왔습니다.' 라고 한다면 I'm here for ~.라고 표현하면 됩니다. 예를 들어 사업차 왔다면 I'm here for business.라고 말할 수 있습니다.

3. 목적지가 어디입니까?
   Where are you headed?
   웨어 아 유 헤디드

4. 미국에서 얼마나 머물 계획입니까?
   How long do you expect to stay in the United States?
   하우 롱 두 유 익스펙트 투 스테이 인 디 유나이티드 스테이츠

 **대화** 표현의 활용

사실대로 정직하게 말하면 되는데 왜 이렇게 죄지은 것 같고 떨리지?

 DIALOG

입국심사관	**May I see your passport, please?**
동 수	Here you are.
입국심사관	**What's the purpose of your visit?**
동 수	I came to visit my sister.
입국심사관	**Are you traveling alone?**
동 수	Yes.
입국심사관	**How long do you expect to stay in the United States?**
동 수	I'll be here for about 2~3 weeks.
입국심사관	**Thank you for your cooperation. Enjoy your trip.**

입국심사관	여권을 보여 주시겠습니까?
동 수	여기 있습니다.
입국심사관	방문 목적이 무엇입니까?
동 수	제 누나를 만나러 왔습니다.
입국심사관	혼자 여행하셨습니까?
동 수	네, 그렇습니다.
입국심사관	미국에는 얼마나 머물 계획이십니까?
동 수	2~3주 정도 있을 겁니다.
입국심사관	협조에 감사드리고 즐거운 여행되십시오.

만약에 이런 경우라면 수하물을 분실했을 때

동수가 자기 수하물을 분실했다면…

1. 제 짐이 도착하지 않았습니다. 누구에게 알아 봐야 합니까?
   My baggage didn't arrive. Who should I see about that?
   마이 배기쥐 디든 어라이브 후 슛 아이 씨 어바웃 대앳
   - 만약에 수하물 찾는 곳을 묻는다면 Where is the baggage claim area?라고 말하면 됩니다.

2. 당신의 수하물표를 보여 주시겠습니까?
   May I see your baggage claim tag?
   메이 아이 씨 유어 배기쥐 클레임 태액
   - 수하물은 미국에서는 baggage, 영국에서는 luggage를 쓰지만 비행기나 배의 여행 짐은 baggage를 쓰는 것이 보통입니다.

3. 분실한 짐은 모두 몇 개입니까?
   How many pieces of baggage have you lost?
   하우 매니 피씨스 어브 배기쥐 해 뷰 러스트

4. 당신의 가방에 대해 설명해 주시겠습니까?
   Can you describe your bag?
   캔 유 디스크라이브 유어 백

표현의 활용

A _ My bags didn't arrive. Who should I see about that?
B _ You can talk to me about that. How many pieces of baggage have you lost?
A _ I lost four pieces of luggage.
B _ May I see your baggage claim tags, please?

A _ 제 가방이 도착하지 않았습니다. 누구에게 알아 봐야 합니까?
B _ 그건 저한테 물어보시면 됩니다. 분실한 짐은 모두 몇 개입니까?
A _ 4개의 짐을 잃어버렸습니다.
B _ 당신의 수하물표를 보여 주시겠습니까?

심사와 수화물

심사

1. 사업차 왔습니다.
   I'm here for business.
   아임 히어 포 비즈니스

2. 관광을 하러 왔습니다.
   I'm here to go sightseeing.
   아임 히어 투 고우 싸잇씨잉

3. 어디서 머무를 겁니까?
   Where are you staying?
   웨어 아 유 스테잉

4. 신고할 것이 있습니까?
   Do you have anything to declare?
   두 유 해브 애니씽 투 디클레어

5. 이 짐 속의 내용물은 무엇인가요?
   What's the content of this package?
   왓츠 더 컨텐트 어브 디스 패키쥐

수화물

1. 수하물을 찾는 곳은 어디입니까?
   Where is the baggage claim area?
   웨어 이즈 더 배기쥐 클레임 에어리어

2. 제 짐들을 찾을 수가 없습니다.
   I can't find my baggage.
   아이 캔트 파인드 마이 배기쥐

3. 검정색 큰 가죽 가방입니다.
   It's a large leather suitcase. It's black.
   잇츠 어 라아쥐 레더 숫케이스 잇츠 블래액

4. 당신의 짐을 찾는 즉시 연락드리겠습니다.
   We'll let you know as soon as we find your baggage.
   위윌 렛 유 노우 애즈 수운 애즈 위 파인드 유어 배기쥐

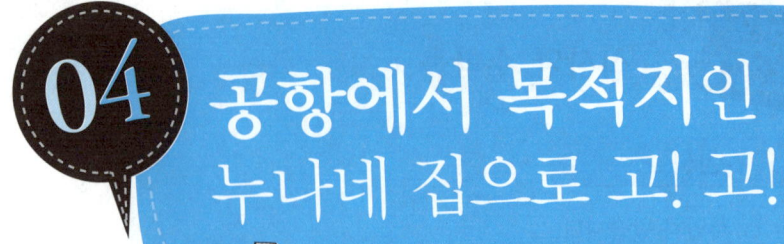

04 공항에서 목적지인 누나네 집으로 고! 고!

다행히 입국심사를 무사히 통과했으니 이제 누나를 만나야지. 그런데 누나는 "너무 중요한 시험을 앞두고 있어서 마중 갈 수 없는데 어떡하지?" 하고 미안해하면서 대신 집에 오는 방법을 자세히 가르쳐 주었다. 누나에게는 "걱정하지 마, 누나. 내가 뭐 어린앤가? 한국에서 여기까지 혼자 왔는데 집 하나쯤 못 찾아가겠어?"라고 자신 있게 말했지만 사실은 무지 걱정된다. 그냥 택시를 타고 갈까?

 ### 공항에서 목적지

1. 시내로 가는 공항버스가 있습니까?
   ### Is there an airport bus to the city?
   이즈 데어 언 에어폿 버스 투 더 씨티
   - 만약에 버스가 얼마나 자주 오느냐고 물을 때에는 How often does it come?이라고 표현하면 됩니다.

2. 버스 정류장은 어디입니까?
   ### Where is the bus stop?
   웨어 이즈 더 버스 스탑
   - 택시 정류장은 taxi stand라고 합니다.

3. 여기에서 시내로 가는 가장 좋은 방법이 무엇입니까?
   ### What is the best way to get downtown from here?
   왓 이즈 더 베스트 웨이 투 겟 다운타운 프럼 히어

4. 어디에서 택시를 잡을 수 있나요?
   ### Where can I catch a taxi?
   웨어 캔 아이 캐취 어 택씨
   - '택시를 잡다'는 catch a taxi 또는 hail a taxi로 표현할 수 있습니다.

 **표현의 활용**

우선 시내로 가는 공항버스를 어디서 타야 하는지부터 알아 봐야겠는데……. 맘씨 좋게 생긴 저 공항직원에게 물어봐야지.

 **DIALOG**

동 수	Excuse me, sir. **Is there an airport bus to the city?**
공항직원	Yes, go to the bus stop over there.
동 수	What number bus goes to the city?
공항직원	There is only one bus that comes to this stop. You can also take a taxi.
동 수	**And where are the taxis?**
공항직원	You can catch one in front of the airport.

동 수	실례합니다. **시내로 가는 공항 버스가 있습니까?**
공항직원	네. 저기에 있는 버스 정류장으로 가세요.
동 수	시내로 가는 버스의 번호는 어떻게 되죠?
공항직원	정류장에 서는 버스는 하나만 있습니다. 택시를 이용하셔도 됩니다.
동 수	**어디서 택시를 잡을 수 있나요?**
공항직원	공항 앞에서 타시면 됩니다.

○ 잠깐 알고 갈까요?

9.11 테러 이후 미국 공항의 보안이 철저해졌습니다. 공항 앞 도로에 운전자가 없는 주차를 금지하고, 만약에 불법적으로 주차하는 경우 100% 견인 조치된다고 생각하셔도 무방합니다. 그러므로 공항에 누군가를 마중 나오는 경우에는 반드시 자동차를 주차장에 주차한 후 공항에서 기다려야 합니다.

 ## 택시

동수가 택시를 탄다면…

1. 어디로 가십니까?
   ### Where to, sir?
   웨어 투 써어
   - 이 표현은 택시 기사가 손님에게 목적지를 물을 때 쓸 수 있는 표현입니다.

2. 이 주소로 데려다 주시겠습니까?
   ### Can you take me to this address, please?
   캔 유 테익 미 투 디스 어드레스 플리즈
   - take A to B는 'A를 B로 데려가다' 라는 표현입니다.

3. 앞에 있는 교차로에서 내려 주시겠어요?
   ### Can you drop me off at the intersection ahead?
   캔 유 드랍 미 오프 앳 디 인터섹션 어헤드
   - 사람이나 짐을 도중에 내려놓을 때 drop이라는 표현을 쓸 수 있습니다.

4. 요금이 얼마죠?
   ### How much is the fare?
   하우 머취 이즈 더 페어

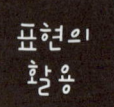

A _ **Where to, sir?**
B _ **Can you take me to this address, please?**
A _ **This is pretty far from here.**
B _ **How much do you think it will cost to get there?**

A _ 어디로 가십니까?
B _ 이 주소로 데려다 주시겠습니까?
A _ 여기서 꽤 먼 곳이군요.
B _ 거기까지의 요금이 얼마죠?

버스와 택시

버스

1. 맨하탄으로 가려면 어떤 버스를 타야 합니까?
   Which bus should I take to go to Manhattan?
   위치 버스 슈드 아이 테익 투 고우 투 맨해튼

2. 7번을 타세요. 그 버스가 거기로 갈 겁니다.
   Take number 7. It'll take you there.
   테익 넘버 쎄븐 잇윌 테이 큐 데어

3. 이 버스가 맨하탄으로 가는 버스입니까?
   Does this bus take me to Manhattan?
   더즈 디스 버스 테익 미 투 맨해튼

4. 브로드웨이에 가려면 어디에서 내려야 합니까?
   Where do I get off for Broadway?
   웨어 두 아이 겟 어프 포 브로드웨이

5. 여기서 내리셔야 합니다.
   You should get off here.
   유 슈드 겟 어프 히어

택시

1. 시청으로 가 주세요.
   Please take me to City Hall.
   플리즈 테익 미 투 더 시티 홀

2. 여기서 먼가요?
   Is it far from here?
   이즈 잇 파 프럼 히어

3. 가장 빠른 길로 부탁합니다.
   Take the fastest way, please.
   테익 더 패스티스트 웨이 플리-즈

4. 빨리 좀 가주세요.
   Can you be quick about it?
   캔 유 비 퀵 어바웃 잇

05 내가 외국인이 되어 길을 묻다!

버스에서 내리기는 제대로 내린 것 같은데 여기서 누나 집까지는 걸어서 가야 한다. 누나는 "버스 정류장에서 이렇게 저렇게 가면 은행이 보이는데 집이 바로 그 근처니까 거기서 전화하면 바로 나올게."라고 했지만 좀처럼 은행을 찾을 수 가 없다. 길을 물어봐야 할 것 같은데 길거리에 있는 사람들은 전부 외국인들, 아니 여기서는 내가 외국인이구나. 거기다 내가 보기에는 전부 한 덩치 하는 것 같아 보여서 주눅이 든다. 그러나 '어차피 여기서 겪어야 할 일 미리 해 보는 것도 좋지, 뭐.'라고 긍정적으로 생각하기로 했다.

 **길을 물어볼 때**

1. 길 좀 가르쳐 주시겠어요?
   Could you give me some directions?
   큐쥬 깁 미 썸 디렉션즈
   ○ 만약 현재 자기의 위치를 묻는다면 Where am I now?라고 말하면 됩니다.

2. 이 근처에 은행이 있습니까?
   Is there a bank near here?
   이즈 데어 러 뱅크 니어 히어

3. 뱅크 어브 아메리카에 가려면 어떻게 가는지 알려 주시겠어요?
   Could you tell me how to get to the Bank of America?
   쿠 쥬 텔 미 하우 투 겟 투 뱅크 어브 어메리커
   ○ 어떤 장소를 찾을 때 '~는 어떻게 가는지 알려 주시겠어요?' 는 Could you tell me how to get to ~?라는 표현을 쓰면 됩니다.

4. 약도를 그려 주시겠어요?
   Could you draw me a map, please?
   쿠 쥬 드로우 미 어 맵 플리-즈

대화 　표현의 활용

나도 나중에 한국에 돌아가면 길거리에서 헤매는 외국인들에게 친절하게 대해 줘야지. 그들도 지금 나와 비슷한 심정이겠지?

동 수	**Could you give me some directions, please?**
외국인	Sure. How can I help you?
동 수	I'm looking for a bank near here.
외국인	There are many banks around here. Could you be more specific, please?
동 수	**Could you tell me how to get to the Bank of America?**
외국인	It's pretty far from here.
동 수	**Could you draw me a map, perhaps?**

동 수	길을 좀 알려 주실 수 있나요?
외국인	그럼요. 어떻게 도와 드릴까요?
동 수	여기서 제일 가까운 은행을 찾고 있는데요.
외국인	주위에 은행이 많은데요. 더 자세히 말해 줄래요?
동 수	뱅크 어브 아메리카까지 가는 방법 좀 알려 주시겠어요?
외국인	여기서 꽤 멀어요.
동 수	약도를 그려 주실 수 있나요?

● **잠깐 알고 갈까요?**

외국인에게 길을 가르쳐 준 후 그 사람이 잘 알아들었는지 확인하는 표현은 Have you got it? 이라는 말을 쓸 수 있습니다. 비슷한 표현은 Got it?, Do you follow me? 등이 있습니다.

 **길을 가르쳐 줄 때**

한국에서 동수가 외국인에게 길을 가르쳐 준다면…

1. 곧장 두 블럭을 가세요.
   Go straight for two blocks.
   고우 스트레잇 포 투 블락스
   - '계속 똑바로 가세요.' 라는 말은 Keep going straight. 라고 말하면 됩니다.

2. 교차로에서 오른쪽으로 가세요.
   Turn right at the intersection.
   터언 라잇 앳 디 인터섹션

3. 병원 옆에 있습니다.
   It's next to the hospital.
   잇츠 넥스트 투 더 하스피털
   - '길 건너편에 있어요' 라고 한다면 It's across the street. 라고 말할 수 있습니다.

4. 찾기 쉬울 겁니다.
   You can't miss it.
   유 캔트 미쓰 잇
   - 이 표현을 직역하면 '놓칠 수 없다' 라는 말이니 '반드시 찾을 것이다' 라는 뜻입니다.

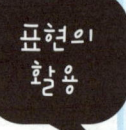

A _ Can you tell me where the post office is?
B _ **It's next to the hospital.**
A _ And where is the hospital?
B _ Across the street on your right. **You can't miss it.**

A _ 우체국이 어디에 있는지 알려 주시겠습니까?
B _ 병원 옆에 있습니다.
A _ 말씀하신 그 병원은 어디에 있습니까?
B _ 길 건너 오른쪽에 있습니다. 찾기 쉬울 겁니다.

위치 문의와 안내

위치 문의

1. 여기가 어디죠?
   Where am I now?
   웨어 앰 아이 나우

2. 여기서 시청은 어떻게 가야 합니까?
   How can I get to City Hall from here?
   하우 캔 아이 겟 투 시티 홀 프럼 히어

3. 좀 더 자세히 알려 주실 수 있습니까?
   Could you tell me in more detail?
   쿠 쥬 텔 미 인 모어 디-테일

4. 지름길이 있나요?
   Is there a shortcut?
   이즈 데어 러 쇼옷컷

5. 실례합니다, 이 박사의 사무실이 어디죠?
   Excuse me, where is Doctor Lee's office?
   익스큐-즈 미 웨어 이즈 닥터 리스 오-피스

위치안내

1. 길을 따라 바로 내려가면 있어요.
   It's just down the street.
   잇츠 저스트 다운 더 스트릿

2. 은행을 지나서 있습니다.
   It's past the bank.
   잇츠 패스트 더 뱅크

3. 복도 끝까지 가서 왼쪽으로 도세요.
   Go to the end of the hall and turn left.
   고우 투 디 엔드 오브 더 호올 앤 턴 레프트

4. 2층에 있습니다.
   It's on the second floor.
   잇츠 온 더 세컨드 플로어

연습문제

1
A _ Excuse me. 저와 자리 좀 바꿔 주시겠습니까?
B _ Sure. No problem.
A _ Thank you very much.
B _ Not at all.

> A _ 실례합니다. Would you mind changing seats with me?
> B _ 그렇게 하세요.
> A _ 정말 감사합니다.
> B _ 천만에요.

2
A _ Excuse me. 물 한 잔 먹을 수 있습니까?
B _ Sure. Do you need anything else?
A _ Are there any blankets?
B _ There's one in the bin above you.

> A _ 실례합니다. May I have a glass of water?
> B _ 물론이죠. 더 필요한 게 있으신가요?
> A _ 담요는 있나요?
> B _ 머리 위에 있는 서랍 안에 있습니다.

③
A _ 방문 목적이 어떻게 되십니까?
B _ I came to visit a friend.
A _ 미국에는 얼마나 머무르실 예정입니까?
B _ About a month.

> A _ What's the purpose of your visit?
> B _ 친구를 만나기 위해 왔습니다.
> A _ How long do you expect to stay in the United States?
> B _ 한 달 정도요.

④
A _ 여기서 힐튼 호텔에 가는 제일 좋은 방법이 뭔가요?
B _ Actually, it's not far from here. You can get there on foot.
A _ Where is it?
B _ It is only three blocks down that way from here.

> A _ What is the best way to get to the Hilton Hotel from here?
> B _ 실제로, 여기서 멀지 않아요. 걸어서 갈 수 있어요.
> A _ 어디에 있죠?
> B _ 여기서 세 블럭 아래에 있어요.

⑤
A _ 우체국이 어디 있는지 알려 주실 수 있나요?
B _ It's three blocks to the right from here.
A _ Thank you.
B _ You're welcome.

> A _ Could you tell me how to get to the post office?
> B _ 여기서 오른쪽으로 세 블럭만 가면 있습니다.
> A _ 감사합니다.
> B _ 천만에요.

출발과 도착

쇼핑하기

여가와 취미

미국생활

식당에서

여행하기

누나네 집에 도착하니 TV에서 자주 보던 잔디가 깔리고 널찍한 단독주택이 아니라 허름하고 꽉 차 보이는 아파트. 누나는 반갑게 맞이하면서 "오랜만에 멀리서 왔는데 마중도 못 나가고 맛있는 것도 준비하지 못해서 어떡하지?"라며 미안해 한다. "누나 그러지마. 내가 손님인가? 신세지러온 군식구인데……" 누나는 지금도 도서관에 가 봐야 한다며 미안한지 자동차 키와 약간의 돈을 주며 근처(근처라고 해도 차타고 30분) 쇼핑몰에서

Chapter 02
쇼핑

필요한 거 있으면 사라며 나간다. 스스로 알아서 해야 하는 분위기! 바로 내가 원한 그 분위기 아니겠어?

　국제운전면허증 있겠다, 돈 있겠다, 미국생활 쇼핑부터 한번 해 보지 뭐 주차장에 가보니 이건 너무하다 싶을 정도의 낡은 한국산 중고차가 떡 하니 외제차 사이에 있다. 굴러가기는 할까? 신기하게도 잘 굴러간다.

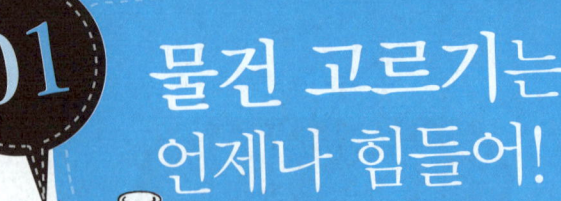

01 물건 고르기는 언제나 힘들어!

찾기 쉬운 곳에 위치해 있고 거기다 공항에서 누나 집에 올 때 본 곳이라 쇼핑몰은 쉽게 찾을 수 있었다. 차를 주차장에 주차한 후 이것저것 구경하다 보니 내가 지금 입고 있는 옷이 낡거나 촌스러워서가 아니라 왠지 이 곳 분위기와 어울리지 않는 듯한 느낌을 받는다. 내 느낌일까? 어쨌든 그런 느낌을 받은 이상 옷을 사야겠다는 생각이 들었다. 그런데 여기 대부분의 옷들은 막상 입어 보니 나하고 어울리지 않는 것 같다. 이곳과 어울리며 내게 잘 어울리는 옷을 찾는 것이 오늘의 숙제!!!

 **물건 고르기**

1. 셔츠를 하나 사려고 합니다.
   I would like to buy a shirt.
   아이 우드 라익 투 바이 어 셔트
   ○ I'm looking for a shirt.라고 해도 비슷한 표현입니다.

2. 그것은 마음에 안 듭니다. 다른 것으로 보여 주세요.
   I don't like this one. Please show me something else.
   아이 돈 라익 디스 원 플리즈 쑈유 미 썸씽 엘스
   ○ 만약에 '몇 가지 더 보여 주실래요?' 라고 말하고 싶다면 Will you show me some?이라는 표현을 쓸 수 있습니다.

3. 이것은 내가 찾고 있는 물건이 아닙니다.
   This is not what I'm looking for.
   디스 이즈 낫 왓 아임 룩킹 포

4. 다른 곳을 둘러봐야겠습니다.
   I think I'll shop around.
   아이 씽크 아윌 샵 어라운드

 **대화 표현의 활용**

미국의 쇼핑몰은 생각한 것 이상으로 넓다! 어디서부터 둘러 봐야 할지도 감이 잘 안 설 정도잖아!

DIALOG

동 수	**I would like to buy a shirt.**
직 원	Actually, you would look great in this.
동 수	**I don't like this one. Please show me something else.**
직 원	What color are you looking for?
동 수	I'm looking for a blue shirt, something to go with my jeans.
직 원	I'm afraid this is the only blue shirt we have.
동 수	**Then I think I'll shop around.**

동 수	셔츠를 하나 사려고 하는데요.
직 원	정말로, 이게 당신에게 좋아 보이는군요.
동 수	그것은 마음에 안 드는군요. 다른 것으로 보여 주세요.
직 원	어떤 색을 찾고 계시죠?
동 수	파란색 셔츠를 찾고 있는데요, 제 청바지와 같이 입을 겁니다.
직 원	이게 우리가 가진 유일한 파란색 셔츠입니다.
동 수	그러면 다른 곳을 더 둘러볼게요.

◎ 잠깐 알고 갈까요?

미국의 쇼핑몰은 대형 백화점이 사방에 위치하고 그 사이를 연결한 통로에 조그만 상점들이 들어서 있습니다. 땅을 넓게 차지하고 길게 늘어서 있어 모든 상점을 구경하려면 힘이 들 정도입니다. 집 근처에서 실속 있게 필요한 물건을 구입하는 방법으로는 moving sale(이사 때문에 자신의 물건을 처분하는 경우로 아파트 클럽하우스나 세탁방에서 이루어짐.) garage sale, yard sale(주택가 중고품 벼룩시장) 등이 있습니다.

 물건이 마음에 들 때

동수가 물건을 사기로 결정한다면…

1. 이것으로 살게요.
   I'll take this one.
   아윌 테익 디스 원
   - 물건을 살 때에는 take라는 동사를 쓰면 됩니다.

2. 이 종류로 두 개 주세요.
   I'll take two of these.
   아윌 테익 투 어브 디즈
   - '각각 하나씩 살게요.' 라는 말을 하고 싶다면 I'll take one of each.라고 말할 수 있습니다.

3. 보면 볼수록 마음에 듭니다.
   The more I look at it, the more I like it.
   더 모어 아이 룩 앳 잇 더 모어 아이 라이 킷
   - '~할수록 더 ~하다' 라는 표현은 The more ~, the more ~.라는 표현을 쓰면 됩니다.

4. 더 필요한 것은 없습니까?
   Can I get you anything else?
   캔 아이 겟 유 에니씽 엘스

표현의 활용

A_ **I'll take this one.** And could I have two of these, please?
B_ I'm sorry, that is all I have. I can tell you really like it.
A_ Yeah. **The more I look at it, the more I like it.** I wish you had more.
B_ I'm sorry, I don't. Can I get you anything else?

A_ 이것으로 살게요. 그리고 이 종류로 두 개 있습니까?
B_ 죄송하지만 이게 다입니다. 정말로 당신은 이걸 좋아하는 군요.
A_ 예, 보면 볼수록 마음에 듭니다. 더 있으면 좋을 텐데.
B_ 죄송합니다만 없군요. 그 밖에 더 필요한 것은 없습니까?

물건 고르기와 선택

물건 고르기

1. 드레스 좀 보여 주세요.
   Please show me some dresses.
   플리-즈 쇼우 미 썸 드레시스

2. 누가 사용할 것입니까?
   Who are you getting this for?
   후 아 유 게팅 디스 포

3. 내 아내에게 줄 선물을 찾고 있습니다.
   I'm trying to find a present for my wife.
   아임 츄라잉 투 파인드 어 프레즌트 포 마이 와이프

4. 특별히 마음에 둔 스타일이 있습니까?
   Do you have a particular style in mind?
   두 유 해브 어 퍼티큐러 스타일 인 마인드

5. 이것을 한번 보실래요?
   Why don't you take a look at this?
   와이 돈 츄 테이 커 룩 앳 디스

선택

1. 이 물건이 딱 내 취향입니다.
   This is my favorite.
   디스 이즈 마이 페이버릿

2. 저게 더 마음에 듭니다.
   I prefer that over this.
   아이 프리퍼 댓 오버 디스

3. 마음에 안 드는데요. 다른 것 좀 보여줄래요?
   I don't like it. Can you show me others?
   아이 돈 라이 킷 캔 유 쇼우 미 아더즈

4. 제가 찾는 물건이 없습니다.
   I can't find what I'm looking for.
   아이 캔트 파인드 왓 아임 룩킹 포

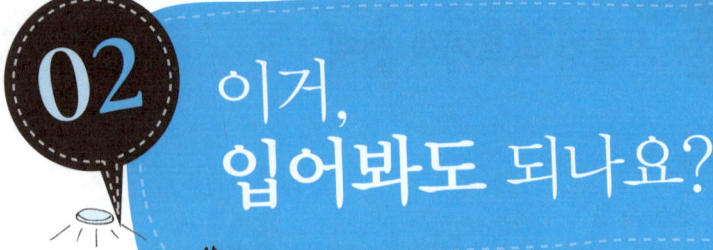

02 이거, 입어봐도 되나요?

한국에 있을 때는 대충대충 덥석 사서 입곤 했는데……. 아무래도 낯선 미국 땅에 홀로 있다는 생각이 나를 꼼꼼하고 세심하게 만드는 것 같다. 이게 무슨 시간 낭비냐! "여기는 원래 덩치 크고 팔다리가 긴 미국 애들이 입어야 폼이 나는 옷들이니 내가 입으면 당연히 어울리지 않을 거야."라고 생각하며 아무것이나 사 입으려는 찰라, 저쪽 구석의 상점에 디스플레이되어 있는 셔츠 하나가 눈에 팍 꽂힌다.

 입어볼 때

1. 이거 입어 봐도 되나요?
   Can I try this on?
   캔 아이 트라이 디스 원
   ○ 옷 입는 곳을 찾는다면 Where is the fitting room?이라고 물으면 됩니다.

2. 너무 작아요. 큰 사이즈로 입어 볼게요.
   This is too small. I'd like to try on a larger size, please.
   디스 이즈 투 스몰 아이드 라익 투 츄아리 언 어 라아줘 싸이즈 플리즈
   ○ 만약에 옷이 너무 화려해서 좀 수수한 것을 찾는다면 Do you have anything a little less flashy?(좀 덜 화려한 것은 없나요?)라고 말할 수 있습니다.

3. 좀 더 큰 [작은] 사이즈가 있습니까?
   Does this come in a larger [smaller] size?
   더즈 디스 컴 인 어 라줘 [스몰러] 싸이즈

4. 허리가 너무 꽉 좁니다.
   It's too tight around the waist.
   잇츠 투타잇 어라운드 더 웨이스트

 표현의 활용

마치 "기다리고 있었어요, 주인님."이라고 말하는 듯한 셔츠, 한 번 입어 봐야지.

DIALOG

동 수	**Can I try this on?**
직 원	I think it's going to be too large for you.
동 수	**Does it come in a smaller size?**
직 원	Of course. Why don't you try this one on.
동 수	Oh! It's too tight around my neck.
직 원	Well then, this size should fit you.

동 수	이거 입어 봐도 될까요?
직 원	제 생각엔 손님이 입으시기에 너무 큰데요.
동 수	좀 더 작은 사이즈가 있나요?
직 원	그럼요. 이것을 입어 보세요.
동 수	이건 목이 꽉 끼는데요.
직 원	그러면, 이 사이즈는 당신에게 맞을 겁니다.

● 잠깐 알고 갈까요?

미국의 옷 사이즈는 여자의 경우 우리 나라의 44, 55, 66, 77, 88이 4, 6, 8, 10, 12로, 신발의 경우에는 250이 8, 245가 7.5, 240이 7 이런 식으로 표시되고, 남자의 경우 300이 12, 295가 11.5, 290이 11 이런 식으로 표시됩니다. 어린이는 150이 9, 155가 9.5, 160이 10으로 표시되니 참고하세요.

 가격 흥정

동수가 가격을 흥정한다면…

1. 너무 비싼 것 같습니다.
   I think this is too expensive.
   아이 씽크 디스 이즈 투 익스펜씨브
   - expensive는 '값비싼, 고가의' 라는 뜻이고 반대의 표현은 cheap라는 표현이 있습니다.

2. 생각했던 것보다 비싼 것 같군요.
   It costs more than I thought.
   잇 코스츠 모어 댄 아이 쏘오트

3. 그것을 살 만한 돈이 없습니다.
   I can't afford to buy it.
   아이 캔트 어포드 투 바이 잇
   - afford는 can[could] not과 함께 쓰여 '~할 여유가 없다' 라는 표현으로 자주 쓰입니다.

4. 이 물건 좀 깎아 주실 수 있어요?
   Can you drop the price a little?
   캔 유 드랍 더 프라이스 어 리틀
   - drop the price은 '값을 내리다' 라는 뜻입니다.

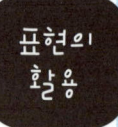

A _ **I think this is too expensive. I'm afraid I can't afford to buy it.**
B _ **That really is the lowest price I can afford, but I suppose I could drop the price a little more just for you.**
A _ **How low can you go?**
B _ **How much money do you have?**

A _ 제 생각엔 너무 비싼 것 같습니다. 그것을 살 만한 돈이 없습니다.
B _ 그게 제가 드릴 수 있는 제일 싼 가격입니다. 하지만 당신에 한에서 가격을 좀 더 깎아 드리죠.
A _ 얼마나 싸게 해 줄 수 있나요?
B _ 얼마나 가지고 있으세요?

흥정과 품절

흥정

1. 그건 제 예산 밖입니다.
   It's out of my budget.
   잇츠 아웃 오브 마이 버짓트

2. 이 스타일로 좀 싼 것은 없습니까?
   Don't you have anything cheaper in this style?
   돈 츄 해브 애니띵 취-퍼 인 디스 스타일

3. 밑지고 파는 거예요.
   We're selling them below cost.
   위어 쎌링 뎀 빌로우 코스트

4. 조금 더 깎아 주세요.
   Can you discount this a little more?
   캔 유 디스카운 디스 어 리틀 모어

5. 더 이상 할인해 드릴 수 없습니다.
   I can't come down any more.
   아이 캔트 컴 다운 애니 모어

상품의 품절

1. 죄송하지만 그런 상품은 없습니다.
   I'm sorry. We don't carry that item.
   아임 쏘리 위 돈 캐리 댓 아이럼

2. 전부 팔리고 없습니다.
   They're all sold out.
   데이워 올 쏠 다웃

3. 그 물건은 언제 살 수 있나요?
   When can I get it?
   웬 캔 아이 겟 잇

4. 다음 주 월요일까지 준비 될 것입니다.
   That'll be ready by next Monday.
   댓윌 비 레디 바이 넥스트 먼데이

얼마면 돼, 얼마면 되냐고?

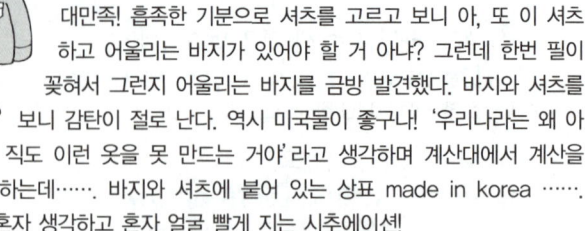

대만족! 흡족한 기분으로 셔츠를 고르고 보니 아, 또 이 셔츠하고 어울리는 바지가 있어야 할 거 아냐? 그런데 한번 필이 꽂혀서 그런지 어울리는 바지를 금방 발견했다. 바지와 셔츠를 보니 감탄이 절로 난다. 역시 미국물이 좋구나! '우리나라는 왜 아직도 이런 옷을 못 만드는 거야'라고 생각하며 계산대에서 계산을 하는데……. 바지와 셔츠에 붙어 있는 상표 made in korea ……. 혼자 생각하고 혼자 얼굴 빨게 지는 시추에이션!

 **계산**

1. 이거 얼마에요?
   How much is this?
   하우 머취 이즈 디스
   - 계산하는 곳을 물을 때는 Where do I pay?라는 표현을 쓸 수 있습니다.

2. 모두 얼마입니까?
   What's the total for all of this?
   왓츠 더 토탈 포 올 어브 디스

3. 신용카드로 계산해도 됩니까?
   Can I charge this to my credit card?
   캔 아이 차아쥐 디스 투 마이 크레딧 카드
   - charge에는 '외상으로 사다'라는 뜻이 있는데 신용카드를 쓸 때에도 charge라는 동사를 사용합니다.

4. 계산이 틀린 것 같습니다. 여기 영수증 좀 보세요.
   I think you made a mistake. Here, look at the receipt.
   아이 씽크 유 메이 더 미스테익 히어 룩 앳 더 리씨트

 **대화 표현의 활용**

'바다 건너 여기까지 와서 서로 만나게 됐네.'라고 생각하니 이 옷과의 인연이 남다르게 느껴진다.

 **DIALOG**

동 수	How much does this come to?
직 원	Your total is $40 dollars.
동 수	**Can I charge this to my credit card?**
직 원	Yes. May I have your credit card, please?
동 수	Oh! **I think you've made a mistake. Here, look at the receipt.** You charged me twice for the pants.
직 원	Aren't these your pants?
동 수	No. They're not mine.
직 원	I'm so sorry. Then your total comes to $ 30.

동 수	이거 얼마입니까?
직 원	전부해서 40달러입니다.
동 수	**카드로 계산해도 됩니까?**
직 원	네. 카드를 주시겠어요?
동 수	**계산이 틀린 것 같은데요. 여기, 영수증을 보세요.** 제 바지를 두 번 계산한 것 같습니다.
직 원	이 바지 손님 것 아닙니까?
동 수	그건 제 것이 아닌데요.
직 원	정말 죄송합니다. 그러면 30달러입니다.

포장과 배달

동수가 포장과 배달을 부탁한다면…

1. 이것을 포장해 주실 수 있나요?
   Can you wrap this up?
   캔 유 랩 디스 업
   - wrap up은 '싸다, 포장하다'의 뜻입니다.

2. 따로따로 포장해 주세요.
   Please wrap them separately.
   플리즈 랩 뎀 쎄퍼럿틀리

3. 이것을 선물용으로 포장해 주시겠어요?
   Could you gift-wrap this, please?
   쿠 유 깁트-랩 디스 플리즈
   - 만약에 '리본을 달아 주실래요?' 라는 말을 하고 싶다면 Would you add a ribbon?이라고 말하면 됩니다.

4. 이 주소로 배달해 주세요.
   I'd like you to deliver this to the following address.
   아이드 라익 유 투 딜리버 디스 투 더 팔로잉 어드레스

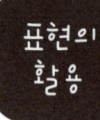

A _ Can you wrap this up, please?
B _ Yes. Is there anything else I can help you with?
A _ **I'd like this to be delivered to the following address.** Do I have to pay extra for delivery?
B _ Yes, there is a small delivery charge.

A _ 이것을 포장해 주실 수 있나요?
B _ 네 그리고 제가 또 도와 드릴 게 있나요?
A _ 이 주소로 배달해 주세요. 배달을 부탁하면 별도의 요금을 내야 합니까?
B _ 네, 별도의 요금을 조금 더 내셔야 합니다.

계산과 포장, 배달

계산

1. 이 물건들 어디에서 계산하면 됩니까?
   Where can I pay for these things?
   웨어 캔 아이 페이 포 디-즈 띵즈

2. 카드로 계산하겠습니다.
   I'll pay by credit card.
   아윌 페이 바이 크레딧 카드

3. 실례지만, 거스름돈을 잘못 주셨습니다.
   Excuse me, but you gave me the wrong change.
   익스큐-즈 미 벗 유 게입 미 더 로옹 췌인쥐

4. 계산을 다시 부탁해도 되겠습니까?
   Would you mind checking the bill again?
   우 쥬 마인드 췌킹 더 빌 어게인

5. 영수증을 부탁합니다.
   Could I have a receipt, please?
   쿠드 아이 해 버 리씨트 플리즈

포장과 배달

1. 우리 집으로 보내 주실 수 있습니까?
   Can you send this to my house?
   캔 유 쎈 디스 투 마이 하우스

2. 언제 도착하나요?
   When will it arrive?
   웬 윌 잇 어라이브

3. 담을 봉지 하나 주시겠습니까?
   Can I have a bag with that?
   캔 아이 해 버 백 위드 댓

4. 이 물건을 넣을 박스를 얻을 수 있을까요?
   Is it possible to get a box for this?
   이즈 잇 파서블 투 겟 어 박스 포 디스

연습문제

1
A _ 이것은 제가 찾는 것이 아닌데요.
B _ Would you like to try on some other hats?
A _ Do you have this hat in red?
B _ Just a minute. Let me look for you.

> A _ This is not what I'm looking for.
> B _ 다른 모자들을 써 보시겠어요?
> A _ 이것으로 붉은색 있나요?
> B _ 잠시만요. 찾아보겠습니다.

2
A _ This size is too small for me. 좀 큰 사이즈를 입어 볼게요.
B _ We do have a larger one, but I think it's going to be too large for you.
A _ Well, let me try it anyway.
B _ Okay. Just one moment, please.

> A _ 이 사이즈는 저에겐 너무 작군요. I'd like to try on a larger size, please.
> B _ 더 큰 사이즈가 있는데요. 그건 당신에게 너무 클 것 같은데요.
> A _ 어쨌든 한 번 입어 볼게요.
> B _ 알겠습니다. 잠시만 기다리세요.

3
A _ 모두 다해서 얼마입니까?
B _ It come to be twenty dollars. Will you be paying for this in cash?
A _ I don't have enough cash on me. 신용카드로 계산해도 될까요?
B _ Yes. Just a moment, please.

> A _ What is the total for all of this?
> B _ 총 20달러입니다. 현금으로 계산하시겠습니까?
> A _ 현금이 모자라네요. Can I charge this to my credit card?
> B _ 네. 잠시만 기다려 주세요.

출발과 도착

쇼핑하기

여가와 취미

미국 생활

식당에서

여행하기

청운의 푸른 꿈을 안고 미국에 날아 온지 벌써 일주일이 지나 갔다. 그런데 내가 하는 일은 누나네 집의 실질적인 주부(정말 집안일은 해도 해도 끝이 없다.) 그럴 수밖에 없는 것이 누나는 얼마 남지 않은 시험 준비에 정신없고 조카는 아직 앞가림도 못

Chapter 03
미국생활

하는 철부지. 매형은 그야말로 돌쇠처럼 저녁 늦게 퇴근하고 새벽에 출근 하니 얹혀사는 내가 집안일을 해야 하지 않겠어? 설마 누나가 이걸 노리고 나를 받아 준건 아니겠지? 제발 아니라고 말해 줘! 그런데 이러다 나, 주부습진 걸리는 거 아냐?

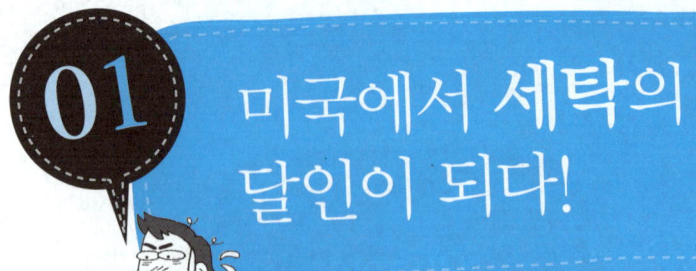

01 미국에서 세탁의 달인이 되다!

누나가 사는 아파트는 우리나라와 달리 보통 집 안에 세탁기가 없고 공동으로 사용하는 동전 세탁실이 따로 있다. 처음에는 그것도 모르고 손빨래를 하며 '여기 미국 맞아?'라고 의아심을 가지기도 했다. 그러던 어느 날 조카 녀석이 소스 묻은 손으로 미국 온 그날 산 외출복 셔츠를 만져서 왕 얼룩을 만들어 버렸다. 정말 맘에 들고 하나밖에 없는 외출복인데……. 누나는 아깝지만 어쩔 수 없다는 표정으로 내게 세탁 비를 주며 세탁소에 가서 얼룩을 빼라고 한다.

 기초 표현 **세탁소**

1. 이 셔츠에 있는 얼룩을 제거해 주세요.
   I need you to take the stain out of this shirt.
   아이 니잇 유 투 테익 더 스테인 아웃 어브 디스 셔트
   - take out은 '얼룩 등을 빼다'라는 표현입니다.

2. 이 셔츠와 바지를 드라이클리닝하고 싶습니다.
   I need these shirts and pants dry-cleaned.
   아이 니잇 디즈 셔츠 앤 팬츠 드라이-클린드
   - 'need ~ 과거분사'는 '~가 되도록 ~할 필요가 있다'라는 표현입니다.

3. 이 양복을 다림질해 주세요.
   I'd like to have this suit pressed, please.
   아이드 라익 투 햅 디스 수트 프레스트 플리즈

4. 언제 찾아갈 수 있나요?
   When can I pick it up?
   웬 캔 아이 픽 킷 업
   - pick up은 '줍다, 들어올리다, 사람 등을 도중에 태우다'의 뜻으로 자주 쓰이는 표현입니다.

 **대화 표현의 활용**

누나 돈으로 산 셔츠인데 누나 돈으로 세탁까지 하려니 왠지 미안하네.

 **DIALOG**

동 수   **I need you to take the stain out of this shirt.**
직 원   I can have that done for you by tomorrow. Is there anything else?
동 수   **I need these shirts and pants dry-cleaned, as well.** How much will it all come to?
직 원   Your total is $10.
동 수   So I can pick everything up by tomorrow morning?
직 원   You sure can.

    동 수   이 셔츠에 묻은 얼룩을 제거해 주세요.
    직 원   내일까지 깨끗이 될 겁니다. 더 필요하신 거 있나요?
    동 수   이 셔츠와 바지도 드라이클리닝해 주세요. 다 얼마입니까?
    직 원   모두 10달러입니다.
    동 수   내일 아침에 가져가도 될까요?
    직 원   물론이죠.

● **잠깐 알고 갈까요?**

미국 아파트의 경우 미국 세탁기가 우리 나라 것보다 훨씬 크기 때문에 공간 문제로 세탁기 보급율이 우리 나라보다 훨씬 낮습니다. 거기다 발코니에 빨래를 널지 못하도록 규정된 아파트가 많아 건조기도 반드시 함께 구비해야 합니다. 그런데 건조기 역시 세탁기만큼이나 크기 때문에 공간 문제로 인하여 보통 공동 동전세탁소를 이용하는 경우가 많습니다.

 ## 옷 수선

동수가 옷 수선을 부탁한다면…

1. 단추가 떨어졌는데 좀 달아 주세요.
   Some buttons fell off. I'd like to have them sewn back on, please.
   썸 버튼즈 펠 어프 아이드 라익 투 햅 뎀 쏘운 백 언 플리즈
   - 'have ~ 과거분사'는 '~하게 시키다, ~하게 하다'라는 표현입니다.

2. 이 바지를 줄이고 싶습니다.
   I'd like to have these pants shortened.
   아이드 라익 투 햅 디즈 팬츠 쇼옷튼드
   - 만약에 바지를 늘이고 싶다면 shortened 대신 lengthened라는 표현을 쓰면 됩니다.

3. 지퍼가 떨어졌는데 갈아 주시겠어요?
   The tab to this zipper fell off. Can you replace it?
   더 탭 투 디스 지퍼 펠 어프 캔 유 리플레이스 잇

4. 바지가 찢어졌는데 수선 좀 해 주실래요?
   These pants are ripped. Can you mend them?
   디즈 팬츠 아 립트 캔 유 멘 뎀
   - '수리하다'라는 말은 mend와 repair가 있는데 mend는 구멍이나 찢어진 곳을 수리할 때, repair는 시계·자동차·기계류를 수리할 때 쓰입니다.

A _ **Some buttons fell off. I'd like to have them sewn back on, please.**
B _ **Will that be all?**
A _ **I'd also like to have these pants shortened.**
B _ **We can have everything ready for you by tomorrow.**

A _ 단추가 떨어졌는데 좀 달아 주세요.
B _ 그것만 하면 되나요?
A _ 이 바지도 줄이고 싶습니다.
B _ 내일까지 끝날 겁니다.

세탁과 수선

세탁

1. 이 셔츠에 풀 좀 먹여주세요.
   Could you starch my shirt, please?
   쿠 쥬 스타취 마이 셔트 플리즈

2. 풀은 먹이지 마세요.
   No starch, please.
   노우 스타취 플리즈

3. 세탁물 찾으러 왔습니다.
   I'd like to pick up my laundry.
   아이드 라익 투 픽 업 마이 론드리

4. 여기 셔츠에 있는 얼룩이 잘 빠지지 않았는데요.
   This stain on this shirt didn't come out.
   디스 스테인 온 디스 셔-트 디든 컴 아웃

5. 죄송하지만 아직 안 됐습니다.
   I'm sorry, but your laundry isn't ready.
   아임 쏘리 벗 유어 론드리 이즌 레디

수선

1. 이 코트를 수선해 주시겠어요?
   Could you mend this coat?
   쿠 쥬 멘 디스 코트

2. 바지 단 좀 접어주시겠습니까?
   Could you hem these pants?
   쿠 쥬 험 디즈 팬츠

3. 허리를 줄여주세요.
   Could you shrink the waist?
   쿠 쥬 쉬링크 더 웨이스트

4. 어느 정도 줄여 드릴까요?
   How much would you like it shortened?
   하우 머취 우 쥬 라이 킷 숏튼드

 은행에서 잔돈으로 바꿔야지!

미국에 올 때 100달러짜리로만 꼬깃꼬깃 접어서 속옷 안에 가져왔는데 이게 가끔 불편하다. 슈퍼에서 간단한 물건을 살 때 100달러짜리 내면 대놓고 지폐를 형광등에 비춰 보고 이상한 눈으로 쳐다보기도 한다. 내가 뭐 위조지폐 범인가? 아무래도 은행에 가서 잔돈으로 바꿔야 편할 것 같아 은행으로 갔는데, 은행에 가니 특이하게도 번호표가 없다. 모두들 순서대로 기다리고 있는 게 아닌가? 아니, 이게 웬 80년대 시추에이션?

 환전

1. 이 지폐를 잔돈으로 바꿔 주시겠어요?
   Can I get some change for this bill?
   캔 아이 겟 썸 체인쥐 포 디스 빌
   ◎ bill은 '계산서, 청구서' 라는 뜻도 있고 '지폐' 라는 뜻도 있습니다. change는 잔돈을 말합니다.

2. 어떻게 바꿔 드릴까요?
   What would you like it broken into?
   왓 우 쥬 라이 킷 브로큰 인투

3. 10달러짜리 9장과 1달러짜리 10장으로 주세요.
   Give me nine ten- dollar bills and ten one- dollar bills, please.
   김 미 나인 텐 달러 빌즈 앤 텐 원 달러 빌즈 플리즈

4. 한국돈을 달러로 바꾸고 싶습니다.
   I'd like to change Korean won into U.S. dollars.
   아이드 라익 투 체인쥐 커리언 원 인투 유에스 달러즈
   ◎ 여기서 change는 '환전하다, 잔돈으로 바꾸다' 라는 의미입니다.

 **표현의 활용**

창구 직원들은 방탄유리로 된 부스 안에서 업무를 본다. 어휴, 살벌해! 이런 걸 보면 참, 우리나라가 살기 좋은 것 같단 말이야.

 **DIALOG**

동 수 **Can I get some change for this bill?**
은행원 What would you like it broken into?
동 수 **Give me nine ten- dollar bills and ten one- dollar bills, please.**
은행원 Just one moment. Is there anything else I can do for you?
동 수 **I'd like to change some Korean won into U.S. dollars.**
은행원 I'm sorry, sir. We don't change foreign bills into U.S. dollars here.

동 수 이 지폐를 잔돈으로 바꿔 주시겠어요?
은행원 어떻게 바꿔 드릴까요?
동 수 10달러짜리 9장과 1달러짜리 10장으로 주세요.
은행원 잠시만 기다려 주세요. 또 필요한 것이 있으신가요?
동 수 한국돈을 달러로 바꾸고 싶습니다.
은행원 죄송하지만 여기서는 국외 현금을 달러로 바꾸지 않습니다.

 ## 입, 출금

동수가 은행에서 입금과 출금을 한다면…

1. 입금을 하고 싶습니다.
   I would like make a deposit.
   아이 우드 라익 메이 커 디파짓
   - 만약에 은행에서 계좌를 개설한다면 I'd like to open an account.라는 표현을 쓸 수 있습니다.

2. 제 계좌에 200달러를 입금하고 싶습니다.
   I'd like to deposit $200 into my account.
   아이드 라익 투 디파짓 투 헌드러즈 달러즈 인투 마이 어카운트

3. 제 계좌에서 돈을 인출해 주시겠어요?
   Can I withdraw some money from my account?
   캔 아이 위드드로어 썸 머니 프럼 마이 어카운트
   - some은 복수형의 가산명사나 불가산명사와 함께 쓰여 약간의 수나 양을 나타냅니다. 이럴 때는 의미가 약해서 우리말로 옮기지 않아도 되는 경우가 있습니다.

4. 100달러를 인출해 주세요.
   I'd like to withdraw $100.
   아이드 라익 투 위드드로어 원 헌드러드 달러즈

A _ **I would like make a deposit.**
B _ **How much money would you like to deposit?**
A _ **I'd like to deposit $200 into my account.**
B _ **Okay. Just one moment, please.**

A _ 입금을 하고 싶습니다.
B _ 얼마를 입금하시겠습니까?
A _ 제 계좌에 200달러를 입금하고 싶습니다.
B _ 조금만 기다리시면 될 겁니다.

계좌와 신용카드

계좌

1. 계좌를 개설하고 싶습니다.
   I'd like to open an account.
   아이드 라익 투- 오펀 언 어카운트

2. 어떤 계좌를 원하십니까?
   What kind of account do you want?
   왓 카인드 오브 어카운트 두 유 원트

3. 이자율은 어떻게 되나요?
   What are the interest rates?
   왓 아 디 인터레스트 레잇츠

4. 예금 계좌를 해제하려고 합니다.
   I'm closing my savings account.
   아임 클로징 마이 세이빙즈 어카운트

5. 이 양식을 작성해 주시겠습니까?
   Can you fill out this form?
   캔 유 필 아웃 디스 포옴

신용카드

1. 신용카드를 신청하려고 합니다.
   I'd like to apply for a credit card.
   아이드 라익 투 어플라이 포 러 크레딧 카드

2. 언제 카드가 발급되나요?
   When will it be issued?
   웬 윌 잇 비 이슈드

3. 카드를 분실신고 하려고 합니다.
   I'd like to report a lost card.
   아이드 라익 투 리포 터 로스트 카드

4. 한도가 초과된 카드입니다.
   You're over your credit limit.
   유어 오버 유어 크레딧 리미트

03 누나는 안 돼, 이발소가 좋아!

어느덧 머리가 길어 눈을 찌르기 시작한다. 그래, 그렇지 않아도 '나 외국인이요'라고 말하는 듯한 내 헤어스타일을 이번 기회에 미국 애들과 비슷한 스타일로 해 봐야지……. 누나는 자기가 깎아 주겠다고 한다. "누나, 그것만은 안 돼! 난 뒤통수가 납작해서 뒷머리를 살리며 깎는 기술이 필요하단 말이야. 아마추어는 무리지, 암!" 그런데 누나는 여기는 머리 감을 때도 따로 돈 내야하고 팁도 줘야 한다며 자꾸 자기가 깎아 준다고 말한다. 잠시 고민. 그래도 누나한테는 싫어!

 이발소

1. 머리를 깎고 싶습니다.
   I need a haircut.
   아이 니잇 어 헤어컷
   - haircut은 주로 남성의 헤어스타일을 나타내고 여성의 헤어스타일은 hairdo를 씁니다.

2. 짧게 잘라 주세요.
   I'd like you to cut it short.
   아이드 라익 큐 튜 컷 잇 쇼옷
   - '너무 짧게 깎지 마세요.' 라는 말을 하고 싶다면 Not too short, please.라고 말하면 됩니다.

3. 다듬기만 해 주세요.
   Just a trim, please.
   저스 터 트림 플리즈
   - trim은 '다듬다, 정돈하다, 손질하다'의 뜻입니다.

4. 지금 상태에서 다듬어만 주세요.
   Please set my hair in the same exact style.
   플리즈 셋 마이 헤어 인 더 쎄임 이그잭 스타일

 **대화 표현의 활용**

아, 이발소만은 대형화가 아니구나! 지금은 미용실에 밀려난 과거 우리 나라의 동네 이발소를 생각나게 하는구나.

 **DIALOG**

동 수	**I need a haircut.**
이발사	How would you like your hair cut?
동 수	I think it's too long now. **I'd like you to cut it short.**
이발사	Do you want it very short?
동 수	Not too short, please.
이발사	Okay. How about your sideburns?
동 수	You can trim them, too.

동 수	머리를 깎으려고 하는데요.
이발사	머리를 어떻게 깎아 드릴까요?
동 수	머리가 너무 긴 것 같아요. 짧게 자르고 싶은데요.
이발사	아주 짧게 말인가요?
동 수	너무 짧게 하지는 말아 주세요.
이발사	네. 구레나룻은 어떻게 해 드릴까요?
동 수	구레나룻도 다듬어 주세요.

● 잠깐 알고 갈까요?

미국 이발소에서는 머리를 감을 때에도 따로 요금을 내야 하고 팁도 줘야 합니다. 팁은 보통 요금의 10~20%인데 15%를 내면 무난합니다. 만약 안 내는 경우 매우 불쾌해 하며 심지어 망신당할 수도 있습니다.

 **미용실**

동수의 누나가 미용실에 간다면…

1. 파마를 하고 싶습니다.
   I'd like a perm, please.
   아이드 라이 커 퍼엄 플리즈
   ◯ perm은 permanent의 줄인 말로 우리가 파마라고 하는 표현입니다.

2. 어깨 길이만큼 잘라 주세요.
   I'd like my hair cut shoulder-length.
   아이드 라익 마이 헤어 컷 쇼울더-렝쓰
   ◯ 만약에 손으로 위치를 가르키며 '이만큼의 길이로 잘라 주세요.' 라고 한다면 This long.이라고 표현하면 됩니다.

3. 이 길이로 잘라 주세요.
   I want it this length.
   아이 원 잇 디스 렝쓰

4. 갈색으로 염색해 주시겠어요?
   Could you dye my hair brown?
   쿠 쥬 다이 마이 헤어 브라운
   ◯ 손질을 부탁하고 싶다면 Could you do my nails?라고 하면 됩니다.

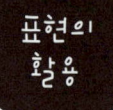

A _ **I'd like a perm and a cut, please.**
B _ How short do you want it?
A _ **I want it this length.**
B _ Would you like me to do your nails, too?

A _ 머리를 자르고 파마를 하고 싶습니다.
B _ 얼마나 짧게 잘라 드릴까요?
A _ 이 정도 길이로 해 주세요.
B _ 손톱 손질도 해 드릴까요?

 ## 이발소와 미용실

이발소

1. 머리를 자르고 싶어요.
   I'd like a haircut, please.
   아이드 라익 커 헤어컷 플리-즈

2. 이쪽으로 앉으세요. 어떻게 해 드릴까요?
   Have a seat, please. How would you like your hair?
   해브 어 씨잇 플리-즈 하우 우 쥬 라이 큐어 헤어

3. 헤어스타일을 바꾸고 싶어요.
   I want to change my hairstyle.
   아이 원 투 체인쥐 마이 헤어스타일

4. 윗머리는 어떻게 해 드릴까요?
   How about the top?
   하우 어바웃 더 탑

5. 앞머리는 그냥 놔두세요.
   Leave the bangs, please.
   리브 더 뱅즈 플리즈

미용실

1. 웨이브를 좀 넣어 주세요.
   Make my hair wavy, please.
   메익 마이 헤어 웨이비 플리-즈

2. 파마를 얼마나 강하게 해 드릴까요?
   How strong would you like your permanent?
   하우 스트로옹 우 쥬 라이 큐어 퍼머넌트

3. 세게(가볍게) 말아 주세요.
   I want a tight(soft) perm.
   아이 원트 어 타잇(쏘프트) 퍼엄

4. 샴푸를 한 후에 드라이도 해주세요.
   Could you please shampoo and dry my hair?
   쿠 쥬 플리-즈 샴푸 앤 드라이 마이 헤어

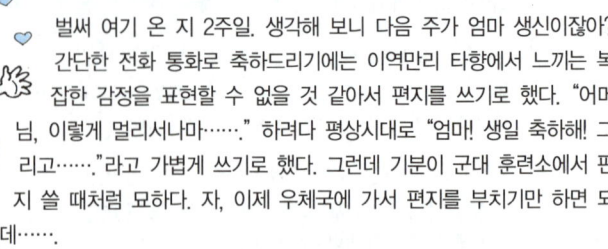

04 우체국에 가서 엄마에게 편지를 부치다!

벌써 여기 온 지 2주일. 생각해 보니 다음 주가 엄마 생신이잖아? 간단한 전화 통화로 축하드리기에는 이역만리 타향에서 느끼는 복잡한 감정을 표현할 수 없을 것 같아서 편지를 쓰기로 했다. "어머님, 이렇게 멀리서나마……" 하려다 평상시대로 "엄마! 생일 축하해! 그리고……"라고 가볍게 쓰기로 했다. 그런데 기분이 군대 훈련소에서 편지 쓸 때처럼 묘하다. 자, 이제 우체국에 가서 편지를 부치기만 하면 되는데…….

 편지

1. 한국으로 편지를 보내려고 합니다.
   I'd like to send this letter to Korea.
   아이드 라익 투 쌘 디스 레터 투 커리어

   ◯ 우표 사는 곳을 묻고 싶다면 Where can I buy stamps?라고 하면 됩니다.

2. 한국으로 편지 한 통 부치는 데 얼마입니까?
   How much is it to mail a letter to Korea?
   하우 머취 이즈 잇 투 메일 어 레터 투 커리어

3. 이 편지를 등기로 보내 주세요.
   Please register this letter.
   플리즈 레지스터 디스 레터

   ◯ register는 '(우편물을) 등기로 부치다'라는 말로 등기우편은 registered mail이라고 합니다.

4. 거기에 도착하려면 시간이 얼마나 걸립니까?
   How long will it take to get there?
   하우 롱 윌 잇 테익 투 겟 데어

   ◯ get은 많은 의미를 가지고 있는 단어지만 여기에서는 '이르다, 도달하다'의 뜻입니다.

 **대화** 표현의 활용

엄마 생일인데 아버지가 잘 챙겨 주실지 걱정이네? 이 편지 보시면 엄마 생일 놓치지는 않으시겠지…….

 **DIALOG**

동 수 **I'd like to send this letter to Korea.**
직 원 **You'll need some stamps for your letter. You can buy them from me, actually.**
동 수 **How much is it to mail a letter to Korea?**
직 원 **It will cost you 5 dollars including the stamps.**
동 수 **How long will it take to get there?**
직 원 **It should take a little more than a week.**

동 수 한국으로 편지를 보내려고 합니다.
직 원 편지에 우표를 붙이셔야 하고요 우표는 저에게 사시면 됩니다.
동 수 한국으로 편지를 보내는 데 얼마인가요?
직 원 우표까지 해서 5달러입니다.
동 수 거기에 도착하는 데 얼마나 걸릴까요?
직 원 일주일은 넘을 것 같습니다.

● 잠깐 알고 갈까요?

미국의 우편 서비스는 United States Postal Service 가 담당하며 이사하는 경우 2주 전에 우체국에 새로운 주소로 모든 우편물을 전송(forwarding) 요청을 하면 새로운 주소로 모든 우편물이 들어갑니다. 이 서비스는 무료입니다. 또한 장기간 집을 비우는 경우 holding mail service 를 신청하면 최대 30일 간 우편물을 우체국에서 보관해 주기도 합니다.

 소포

동수가 우체국에서 소포를 보낸다면…

1. 여기서 소포를 보낼 수 있습니까?
   Can I mail a package from here?
   캔 아이 메일 어 패키쥐 프럼 히어
   ○ package는 '소포' 라는 뜻으로 mail [send] a package는 '소포를 부치다' 라는 의미입니다.

2. 여기에서 포장할 것을 팝니까?
   Do you sell packing materials here?
   두 유 쎌 패킹 머티리얼즈 히어

3. 이 소포를 항공편으로 보내고 싶습니다.
   I'd like to send this package by airmail.
   아이드 라익 투 쎈 디스 페키쥐 바이 에어메일

4. 이것을 보험에 들 수 있습니까?
   Can I insure this?
   캔 아이 인슈어 디스
   ○ 만약에 '내용물이 파손되기 쉬운 겁니다.' 라고 한다면 The contents are fragile.이라고 표현할 수 있습니다.

A _ **Can I mail a package from here?**
B _ You'd like to mail that package over there?
A _ Yes, **I'd like to send it by airmail.**
B _ No problem, but you'll need to put more stamps on it, I think.

A _ 여기서 소포를 보낼 수 있습니까?
B _ 저기에 있는 소포를 보내시겠습니까?
A _ 네, 이 소포를 항공우편으로 보내고 싶습니다.
B _ 네 가능합니다. 그러나 우표를 더 붙이셔야 할 것 같습니다.

편지와 소포

편지

1. 이 편지를 보통 우편으로 보내고 싶습니다.
   I'd like to send this letter by regular mail.
   아이드 라익 투 쎈 디스 레러 바이 레귤러 메일

2. 우표를 몇 장 붙여야 되죠?
   How many stamps do I need?
   하우 매니 스템스 두 아이 니잇

3. 우표를 어디서 파나요?
   Where can I get stamps?
   웨어 캔 아이 겟 스탬스

4. 이 편지를 등기로 부치면 얼마입니까?
   How much is it to register this letter?
   하우 머취 이즈 잇 투 레지스터 디스 레터

5. 우편환으로 70달러를 송금하고 싶습니다.
   I'd like to send $ 70 by money order.
   아이드 라익 투 센드 세븐티 달러스 바이 머니 오-더

소포

1. 항공 우편인가요? 선박 우편인가요?
   Will that be by air or by surface?
   윌 댓 비 바이 에어 오어 바이 써피스

2. 이 소포의 내용물은 장신구입니다.
   It contains personal ornaments.
   잇 컨테인즈 퍼스널 오너먼트

3. 깨지는 건가요?
   Is it fragile?
   이즈 잇 프레절

4. 조심해서 다뤄 주세요. 깨지기 쉬운 물건이 들어있거든요.
   Please be careful with this. This package is very fragile.
   플리-즈 비 케어펄 위드 디스 디스 패키쥐 이즈 베리 프래지얼

조카야, 조금만 참아! 병원에 다 왔다!

오늘은 공휴일, 그러나 주부한테 공휴일이 있나? 오늘도 외출하는 누나 부부를 대신하여 조카를 돌봐야 한다. 누나와 매형이 나가면 오랜만에 비디오나 봐야지.(액션과 에로가 적절히 섞여 있는 영화로... 흐흐.) 조카에게는 평소 누나가 잘 안 사 주는 과자들을 한 무더기 던져 주니 무지 좋아한다. 자, 이제 조카 녀석은 해결했으니 맘 편하게 영화나 보자. 그런데 한참 재미있게 영화를 보는데 갑자기 와당탕 소리가 난다. 달려가 보니 의자는 저만치 나동그라져 있고 조카는 데굴데굴 구르고 있다. 큰일 났다. 빨리 병원에 가야겠다!

 **병원**

1. 어디가 아프신가요?
   What seems to be the problem?
   왓 씸즈 투 비 더 프라블럼
   - 비슷한 표현은 What's the matter?, What are your symptoms? 등이 있습니다.

2. 미끄러져서 발목을 삔 것 같습니다.
   I slipped and fell, and sprained my ankle, I think.
   아이 슬립트 앤 펠 앤 스프레인드 마이 앵클 아이 씽크

3. 이 부근이 아픕니다.
   I have some pain around here.
   아이 햅 썸 페인 어라운드 히어
   - 증상을 얘기할 때에는 I have 다음에 증상을 말하면 됩니다. 예를 들어 설사가 난다면 I have diarrhea.라고 표현할 수 있습니다.

4. 배가 아픕니다.
   I have a stomachache.
   아이 해 버 스터머케익

 **표현의 활용**

이크, 큰일이다! 조카가 만에 하나라도 잘못 되면 무슨 얼굴로 누나와 매형을 볼 수 있겠어? 제발 아무 일 없어야 할 텐데……

 **DIALOG**

의 사 **What seems to be the problem?**
동 수 **He slipped and fell, I think he sprained his ankle.**
의 사 When did this happen?
동 수 It happened about an hour ago.
의 사 Tell me where it feels sore.
동 수 So what's your diagnosis?
의 사 You're right. He just sprained his ankle. You don't have to worry. Icing his ankle should help.

    의 사   어디가 아프십니까?
    동 수   조카가 미끄러져서 발목을 삔 것 같습니다.
    의 사   언제 그랬나요?
    동 수   한 시간 전쯤에 그랬습니다.
    의 사   만지면 아픈 부분을 말해 주세요.
    동 수   진단 결과가 무엇인가요?
    의 사   당신이 맞았어요. 발목을 삔 것 같네요. 너무 걱정 마세요. 얼음으로 발목을 문질러 주면 도움이 될 것입니다.

● **잠깐 알고 갈까요?**

미국의 병원은 의료비가 엄청나게 비쌉니다. 보험이 안 되어 있는 경우 진찰만 받는 데 7~21만원 정도하며 입원하는 경우 하루에 뉴욕 같은 경우 70만원 정도 듭니다. 절대 아프면 안 되겠죠?

 **증상 설명**

동수가 아픈 증상을 이야기한다면…

1. 요즘 들어 배가 많이 아픕니다.
   My stomach hurts a lot these days.
   마이 스터머케익 허츠 어 라앗 디즈 데이즈
   - '배탈이 났습니다.' 는 My stomach is upset.이라고 표현할 수 있습니다.

2. 항상 피곤함을 느낍니다.
   I feel tired all the time.
   아이 피일 타이어드 올 더 타임
   - all the time은 '그 동안 줄곧, 시종' 이라는 표현입니다.

3. 관절이 뻐근하고 쑤셔요.
   My joints are stiff and sore.
   마이 조인츠 아 스티프 앤 쏘어

4. 계속 구토를 해요.
   I keep throwing up.
   아이 키입 쓰로잉 업
   - '계속 ~하다' 라는 말은 keep ~ing라는 표현을 쓸 수 있습니다.

 표현의 활용

A _ My stomach hurts a lot these days.
B _ When did this start? Do you have any other symptoms?
A _ The pain started a few days ago. **And I feel tired all the time.**
B _ You're going to need a more through examination.

A _ 요즘 들어 배가 많이 아픕니다.
B _ 언제부터 그랬고 다른 증상은 없습니까?
A _ 며칠 전부터 시작됐고 그리고 항상 피곤함도 느낍니다.
B _ 검사를 더 받으셔야겠습니다.

진찰과 검사

진찰

1. 아픈 지 얼마나 되셨습니까?
   When did it begin to hurt?
   웬 디드 잇 비긴 투 허트

2. 그 밖에 또 아픈 데가 있나요?
   Do you have a pain anywhere else?
   두 유 해 버 페인 애니웨어 엘스

3. 전에도 이렇게 아픈적이 있나요?
   Have you had this problem before?
   해브 유 해드 디스 프라블럼 비포

4. 수술을 하신 적이 있으신가요?
   Have you ever had surgery?
   해 뷰 에버 해드 써저리

5. 드시고 있는 약이 있습니까?
   Are you taking any medicine?
   아 유 테이킹 애니 메더신

검사

1. 셔츠를 올리세요.
   Pull up your shirt, please.
   풀 업 유어 셔트 플리즈

2. 깊게 숨을 들여 마셔요.
   Take a deep breath.
   테익 커 딥 브레쓰

3. 숨을 멈추세요.
   Hold your breath.
   호올 쥬어 브레쓰

4. 누우세요.
   Lie on your back, please.
   라이 언 유어 백 플리즈

06 진찰은 병원에서 조제는 약국에서!

다행히 조카는 경미한 타박상이라 약만 먹으면 괜찮을 거라 한다. 병원에서 준 처방전을 가지고 약국에 가면서 조카에게 "네가 앞으로 사 달라는 거 다 사 줄게. 대신 오늘 있었던 일은 엄마에게는 비밀이야."라고 했더니 조카 녀석 눈을 반짝이며 그 작은 머리를 굴리다가 "삼촌이 돈이 어디 있어? 그냥 없던 일로 할 테니까 가끔 과자나 사 줘."라고 한다. 삼촌 체면에 화도 나고 창피하기도 했다. 그러나 어쨌든 다행이라고 해야지.

 약국

1. 이 처방전대로 약을 지어 주시겠어요?
   Could you fill this prescription, please?
   쿠 쥬 필 디스 프레스크립션 플리즈

   ○ prescription은 처방전이란 뜻이고 fill a prescription은 '처방전대로 약을 조제하다'라는 표현입니다.

2. 하루에 몇 번 먹어야 합니까?
   How many times a day should I take this?
   하우 매니 타임즈 어 데이 슛 아이 테익 디스

3. 하루 세 번 식후에 드세요.
   Take this three times a day after your meals.
   테익 디스 쓰리 타임즈 어 데이 앱터 유어 밀즈

4. 두통약이 있습니까?
   Do you have anything for a headache?
   두 유 햅 에니씽 포 러 헤데이크

   ○ 참고로 의사의 처방전 없이 살 수 있는 약은 over-the-counter medicine이라고 표현합니다.

대화 표현의 활용

이런 조그만 놈에게조차 무시를 당하다니……. 하지만 지금 화낼 처지도 아니니 별 수 없잖아? 아이고, 머리야. 두통약이나 사 먹어야겠다.

DIALOG

동 수 **Could you fill this prescription, please?**
약 사 Just a moment, please. Here you go.
동 수 **How many times a day should he take this?**
약 사 This should be taken three times a day after eating.
동 수 **Do you have anything for a headache?**
약 사 Is this for a child?
동 수 No. It's for me.

동 수 이 처방전대로 약을 지어 주시겠습니까?
약 사 잠시만 기다려 주세요. 여기 있습니다.
동 수 하루에 몇 번 먹여야 합니까?
약 사 하루 세 번 식후에 복용하세요.
동 수 두통에 먹을 약 있습니까?
약 사 저 아이가 먹을 것입니까?
동 수 아니요. 제가 먹을 것입니다.

● 잠깐 알고 갈까요?

약국은 보통 체인으로 편의점 형태를 띠고 있습니다. 약을 주는 카운터는 보통 뒤에 있고, 일반 물건을 파는 카운터는 앞쪽에 있습니다. 그리고 우리 나라보다 의약분업이 먼저 이루어진 관계로 철저하게 처방이 필요한 약과 그렇지 않은 약이 구분되어 있습니다.

 **약에 대한 질문**

동수가 약사에게 약에 대해 물어본다면…

1. 감기에 좋은 약이 없습니까?
   You don't have any good medicine for a cold?
   유 돈 해브 애니 굿 메더씬 포 어 콜드

2. 이 약을 한 번에 몇 개를 먹어야 합니까?
   How many pills should I take at a time?
   하우 매니 필즈 슛 아이 테익 앳 어 타임
   ○ 미국에서는 알약을 pill이라고 표현하고 영국에서는 tablet이라고 합니다.

3. 부작용은 없습니까?
   Are there any side effects?
   아 데어 애니 싸이드 이펙츠
   ○ 약물 등의 부작용은 side effect라고 합니다.

4. 이 약을 먹으면 졸음이 오나요?
   Will this make me sleepy?
   월 디스 메익 미 슬리피

A _ **Will this make me sleepy?**
B _ Yes, it will. I recommend you not take this if you're going to drive.
A _ **Are there any other side effects?**
B _ No alcohol while you're taking this.

A _ 이 약을 먹으면 졸음이 오나요?
B _ 예, 그렇습니다. 운전하기 전에는 복용하지 말아야 합니다.
A _ 다른 부작용은 없습니까?
B _ 복용하는 동안 술을 마시면 안 됩니다.

약 구입과 복용 방법

약 구입

1. 처방전 좀 보여 주세요.
   Do you have the prescription with you?
   두 유 해브 더 프레스크립션 윗 유

2. 처방전 없이는 약을 드릴 수 없습니다.
   We can't give you that without a prescription.
   위 캔트 기 뷰 댓 위다웃 어 프레스크립션

3. 감기약을 사고싶습니다.
   I'd like to buy some drugs for a cold.
   아이드 라익 투 바이 썸 드럭즈 포 러 콜드

4. 이 약을 먹으면 괜찮아질 겁니다.
   This medicine will relieve your pain.
   디스 메더씬 윌 릴리브 유어 페인

복용 방법

1. 어떻게 먹어야 합니까?
   How should I take this?
   하우 슛 아이 테익 디스

2. 한 번에 한 알씩만 드세요.
   Take only one at a time.
   테익 온리 원 앳 어 타임

3. 규칙적으로 복용하여야 합니다.
   Take the medicine regularly.
   테익 더 메더씬 레귤러리

4. 이 약을 드시면 졸릴지도 몰라요.
   This might make you drowsy.
   디스 마잇 메이 큐 드라우지

5. 상처에 바르세요.
   Apply this cream on your wound.
   어플라이 디스 크림 언 유어 운드

연습문제

1
A _ 이 양복을 다림질해 주세요.
B _ That will be 10 dollars.
A _ 언제 가져가면 됩니까?
B _ I'll have it done for you by tonight.

> A _ I'd like to have this suit pressed, please.
> B _ 모두 10달러입니다.
> A _ When can I pick it up?
> B _ 오늘 밤까지 다 끝날 겁니다.

2
A _ 한국돈을 달러로 환전하고 싶은데요.
B _ Ok. No problem. How would you like your $ 500?
A _ Can I have five one-hundred dollar bills?
B _ Just a moment, please.

> A _ I'd like to change some Korean money into U.S. dollars.
> B _ 네, 가능합니다. 500달러를 어떻게 바꿔 드릴까요?
> A _ 100달러 5장으로 주실 수 있나요?
> B _ 잠시만 기다려 주세요.

3
A _ 머리 좀 깎으려고 하는데요.
B _ How would you like your hair done?
A _ The same style, just shorter please.
B _ No problem.

> A _ I need a haircut.
> B _ 어떻게 잘라 드릴까요?
> A _ 지금 상태에서 다듬어 주세요.
> B _ 그러겠습니다.

4
A _ Where can I buy some stamps for a letter to Korea?
B _ You can buy them from me.
A _ 거기까지 가는 데 얼마나 걸립니까?
B _ It only takes a few days to get there.

> A _ 한국으로 편지를 보내려고 하는데 우표를 어디서 살수 있나요?
> B _ 저에게서 사실 수 있습니다.
> A _ How long will it take to get there?
> B _ 목적지까지 가는 데 며칠 안 걸립니다.

5
A _ 어디가 아프신가요?
B _ 배가 아픕니다. And it's getting worse.
A _ Let me check your stomach. What did you last eat?
B _ Well, I ate some ice cream this morning.
A _ Your ice cream probably brought on your stomachache.

> A _ What seems to be the problem?
> B _ I have a stomachache. 그리고 점점 심해집니다.
> A _ 잠시 배를 진단해 보도록 합시다. 마지막으로 드신 게 무엇이죠?
> B _ 글쎄요, 아침에 아이스크림을 먹었는데요.
> A _ 아이스크림 때문에 배가 아픈 것 같군요.

6
A _ 두통약이 있습니까?
B _ Do you have any other symptoms?
A _ I feel a little dizzy and have a fever.
B _ Okay. Just a moment, please.

> A _ Do you have anything for a headache?
> B _ 다른 증상은 없나요?
> A _ 약간 어지럽고 열이 있습니다.
> B _ 네, 알겠습니다. 조금만 기다려 주세요.

출발과 도착

쇼핑하기

여가와 취미

미국생활

식당에서

여행하기

어느 날 누나가 내게 오더니 "가만히 보니까 너 적응을 꽤 잘 하는 것 같다. 특히 비디오 대여점에서 에로 비디오를 빌려 올 정도라면 말이지." "헉! 어떻게 알았지? 조카 녀석 때문에 정신 없이 그냥 거실에다 나두었구나." 화끈! 화끈! "그래서 말인데 한번 아르바이트 해볼래? 그 정도 넉살이면 잘 할 수 있을 것 같아." "그럼, 당연하지 그런데 취업비자로 온 것도 아닌데 걸 리면 잘 못되는 거 아냐?" "그 점은 걱정하지 말어." 다음날 소 개시켜준 곳에 가보니 동네 미니 놀이공원, 내가 할 일은 캐릭

Chapter 04
여가와 취미

터인형바가지 쓰고 아이들과 놀기. 크, 그래서 걸릴 일 없다고 했구나. 아르바이트는 집안일보다는 훨씬 재미있었다. 그러던 어느 날 쉬는 곳에서 옆 사람(아니 옆 인형인가?)이 인형 바가지를 벗는데 그 안에서 나타난 얼굴은 분명 여자! 내가 쳐다 보자 먼저 그녀가 인사를 건넨다. 내가 한국에서 왔다고 하자 자기는 대학에서 동아시아문화를 전공하고 있다며 반가워한다. 그래? 뭔가 좋은 느낌을 느끼며 같이 반가워했다.

01 캐서린, 넌 **여가를** 어떻게 보내니?

같이 일도 하고 그녀가 관심 있어 하는 한국에 대해 이야기도 자주 하다 보니 캐서린과 허물없는 사이가 되어 가는데 사귈수록 색다른 매력이 있다. 여성스럽거나 섹시한 것과는 거리가 멀지만 건강하고 밝은 매력, 마치 친한 남자친구 같은 그런 느낌이랄까? 같이 놀러 다니면 꽤 재미있을 것 같다. 그녀는 남는 시간에는 뭘 할까? 나하고 공통되는 여가 생활이 있으면 좋을 텐데…….

 **여가 활동**

1. 여가 시간에는 무엇을 하세요?
   What do you do in your spare time?
   왓 두 유 두 인 유어 스페어 타임
   > spare는 '여분의, 예비의'의 뜻이니 spare time은 '여가 시간'을 나타냅니다.

2. 여가를 어떻게 보내세요?
   How do you spend your free time?
   하우 두 유 스펜 쥬어 프리 타임

3. 쉬는 날에는 보통 무엇을 하세요?
   What do you usually do on your day off?
   왓 두 유 유주얼리 두 언 유어 데이 오프
   > day off는 구어에서 자주 쓰이는 말로 '휴일, 비번'이라는 뜻입니다.

4. 나는 시간이 나면 운동하는 것을 좋아합니다.
   When I have free time, I like to play sports.
   웬 아이 해브 프리 타임 아이 라익 투 플레이 스포츠

 대화 표현의 활용

궁금해 하지만 말고 물어보자! 그녀도 나한테 궁금해 하는 게 있을지도 모르잖아?

 DIALOG

동 수 **What do you do in your spare time?**
캐서린 I usually stay home and read.
동 수 That sounds boring.
캐서린 Well, how do you spend your free time?
동 수 **When I have free time, I like to play sports.**
캐서린 I like sports too, but I'm not very good at them.
동 수 Well, I also like going to the movies.

동 수 여가 시간에는 무엇을 하세요?
캐서린 보통 집에서 지내면서 책을 읽어요.
동 수 저에게는 지루해 보이네요.
캐서린 여가를 어떻게 보내세요?
동 수 **시간이 나면 운동하는 것을 좋아해요.**
캐서린 나도 운동을 좋아하지만 잘 못해요.
동 수 나는 영화를 보러 가는 것도 좋아합니다.

● 잠깐 알고 갈까요?

취미 생활에 빠져 있는 정도가 천차만별인 만큼 그 표현도 다양합니다. 그 표현을 살펴보면 I'm very fond of~.(~을 아주 좋아합니다.), I'm into ~.(~에 빠져 있습니다.), I'm soaked in ~.(~에 푹 빠져 있습니다.), I got hooked on~.(~ 에 사로잡혀 있습니다.), I'm really crazy about ~.(~에 미쳐 있습니다.) 등이 있습니다.

 ## 취미를 말할 때

동수가 자기의 취미를 말한다면…

1. 내 취미는 음악 감상입니다.
   My hobby is listening to music.
   마이 하비 이즈 리스닝 투 뮤직

   ○ '듣다'는 hear와 listen이 있는데 들으려는 의사와 상관없이 듣는 것은 hear, 의식적으로 귀를 귀 울여 듣는 것은 listen을 쓰면 됩니다.

2. 나는 영화광이에요.
   I'm a movie buff.
   아임 어 무비 버프

   ○ buff는 '~팬, ~광'이라는 뜻입니다.

3. 나는 컴퓨터 게임하는 것을 좋아해요.
   I like to play computer games.
   아이 라익 투 플레이 컴퓨터 게임즈

4. 나는 하는 것 없이 그냥 집에서 빈둥빈둥 보내요.
   I just sit around the house not doing much.
   아이 저스트 씻 어라운드 더 하우스 낫 두잉 머취

A _ **My hobby is listening to music.** Do you have any hobbies?
B _ I like to sit around the house and not do anything much.
A _ I don't think that's a hobby. Don't you have any real hobbies?
B _ **Well, I like to play computer games.**

A_ 내 취미는 음악 감상입니다. 당신은 취미가 뭔가요?
B_ 나는 하는 것 없이 그냥 집에서 빈둥빈둥 보내요.
A_ 그건 취미가 아닌 것 같습니다. 진짜 취미가 없나요?
B_ 글쎄요, 나는 컴퓨터 게임하는 것을 좋아해요.

취미와 스포츠

취미

1. 취미가 뭡니까?
   Do you have any hobbies?
   두 유 해브 애니 하비즈

2. 기분전환으로 무엇을 하세요?
   What do you do for relaxation?
   왓 두 유 두 포 릴랙세이션

3. 낚시를 아주 즐깁니다.
   I enjoy fishing very much.
   아이 인조이 피싱 베리 머취

4. 저는 여행을 자주 갑니다.
   I go on trips often.
   아이 고우 언 트립스 오픈

5. 나는 독서광입니다.
   I am a bookworm.
   아이 앰 어 북웜

스포츠

1. 좋아하는 스포츠가 무엇입니까?
   What's your favorite sports?
   왓츠 유어 페이버릿 스포츠

2. 수영하는 걸 좋아하세요?
   Do you enjoy swimming?
   두 유 인조이 스위밍

3. 좋아하지만, 잘 못해요.
   Yes, but I'm not very good.
   예스 벗 아임 낫 베리 굿

4. 운동은 하는 것 보다 보는 걸 좋아합니다.
   I'd rather watch than play.
   아이드 래더 와취 댄 플레이

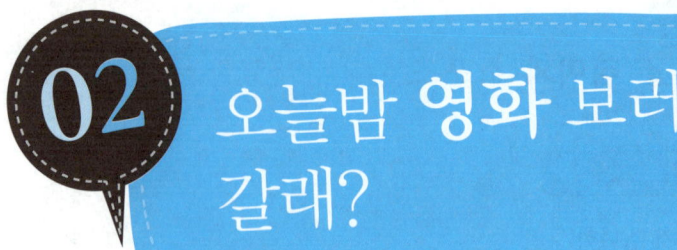
02 오늘밤 영화 보러 갈래?

그녀도 영화를 좋아한다니 마침 잘됐다. 한국에 있을 때는 대부분이 커플로 오는 극장에 가기 어색해서 보고 싶은 영화들을 얼마나 많이 방바닥에서 누워서 봤던가! 극장에서 여자와 영화 감상, 아, 그토록 하고 싶던 것을 여기 이역만리 미국 땅 에서 할 수 있을지도 모르겠다. 마침 그녀가 좋아하는 스필버그가 감독한 영화가 이번 주말에 개봉한다니 같이 보러 가자고 해야겠다.

 **영화 보러 가자고 할 때**

1. 오늘 밤 영화 보러 갈래요?
   Would you like to see a movie tonight?
   우 쥬 라익 투 씨 어 무비 터나잇

2. 지금 어떤 영화가 상영되고 있나요?
   What's playing now?
   왓츠 플레잉 나우
   ○ What film is running?또는 What's playing?라고 해도 비슷한 표현입니다.

3. '우주 전쟁' 봤어요?
   Did you see "War Of The Worlds"yet?
   디 쥬 씨 워 어브 더 월즈 옛

4. 누가 출연합니까?
   Who's in it?
   후즈 인 잇
   ○ 만약 우주 전쟁의 감독을 묻는다면 Who directed the "War Of The Worlds?"라고 표현할 수 있습니다.

 **대화 표현의 활용**

캐서린은 역시 평상시 느꼈던 대로 멜로나 드라마보다 액션이나 스펙터클한 영화를 좋아한다니, 마침 잘됐네!

 **DIALOG**

동 수 Would you like to see a movie tonight?
캐서린 **What's playing now?**
동 수 Did you see "War Of The Worlds" yet?
캐서린 **Who's in it?**
동 수 I Know Tom Cruise is in it.
캐서린 Oh, yeah? I really like him.
동 수 Great. Then how about going to see it tonight?
캐서린 Ok. What time should we meet?

동 수 오늘 밤 영화 보러 갈래요?
캐서린 지금 어떤 영화가 상영되고 있나요?
동 수 '우주 전쟁' 봤어요?
캐서린 누가 출연하나요?
동 수 톰 크루즈가 나온다고 하던데요.
캐서린 정말요? 그 사람 많이 좋아하는데.
동 수 잘됐네요. 오늘 밤 보러 갈래요?
캐서린 몇 시에 만날까요?

● 잠깐 알고 갈까요?

미국의 극장은 일반적으로 좌석표가 따로 없기 때문에 인기 있는 영화의 경우 좋은 자리를 차지하기 위하여 일찍 극장에 오는 경우가 많습니다. 예를 들어 과거에 스타워즈를 개봉하는 날이면 스타워즈 매니아들이 좋은 자리에서 영화를 보기 위해 텐트까지 동원하여 극장 앞에서 밤을 새기도 했습니다.

 ## 영화에 대한 소감

동수가 영화에 대한 소감을 이야기한다면…

1. 그 영화 어땠어요?
   What did you think of the movie?
   왓 디 쥬 씽크 오브 더 무비
   - 간단하게 How was it?, Was it good? 하고 물어도 비슷한 의미의 표현입니다.

2. 아주 좋았어요. 스토리가 아주 흥미있었어요.
   I thought it was great. The story was exciting.
   아이 쏘오트 잇 워즈 그레잇 더 스토리 워즈 익싸이팅
   - 만약에 반대로 영화가 형편없었다면 terrible이란 표현을 쓰면 되고 지루했다면 boring, 유치했다면 childish라는 표현을 쓰면 됩니다.

3. 재미있게 봤나요?
   Did you enjoy it?
   디 쥬 인조이 잇

4. 그 영화 지루해서 죽을 뻔했어요.
   The movie bored me to death.
   더 무비 보어드 미 투 데쓰

A _ **What did you think of the movie?**
B _ I thought it was great. The story was exciting.
A _ Really? How could you like it? **It bored me to death.**
B _ I think it was a great movie.

A _ 그 영화 어땠어요?
B _ 아주 좋았어요. 스토리가 아주 흥미있었어요.
A _ 정말? 어떻게 그런 영화를 좋아할 수 있나요? 지루해서 죽을 뻔했어요.
B _ 제 생각엔 좋은 영화 같은데요.

영화에 대한 관심과 소감

영화에 대한 관심

1. 영화 보는 것 좋아하세요?
   Do you like going to the movies?
   두 유 라익 고잉 투 더 무비즈

2. 영화는 자주 보러 다니나요?
   Do you go to the movies very often?
   두 유 고우 투 더 무비즈 베리 오펀

3. 어떤 종류의 영화를 즐겨 보십니까?
   What kind of films do you enjoy watching?
   왓 카인드 어브 필름즈 두 유 인조이 왓칭

4. 저는 모험 영화를 좋아해요.
   I like adventure movies.
   아이 라익 어드벤처 무비즈

영화에 대한 소감

1. 어떤 장면이 특히 멋있었어?
   What was your favorite part?
   왓 워즈 유어 페이버릿 파트

2. 역시 팀버튼은 우리를 실망시키지 않아.
   I knew Tim Burton wouldn't let us down.
   아이 뉴 팀 버튼 우든트 렛 어스 다운

3. 정말 감동적인 영화였어요.
   That film told an emotionally moving story.
   댓 필름 톨드 언 이모우셔널리 무빙 스토리

4. 두 번볼 가치가 있는 영화입니다.
   It's worth watching twice.
   잇츠 워쓰 와칭 투와이스

5. 돈이 아까워요!
   What a waste of money!
   왓 어 웨이스트 오브 머니

03 캬, 시원하게 술 한잔 하는 거야!

영화를 보고 나오는데 오랜 시간을 앉아 있었더니 몸이 찌뿌드드했다. 거기다 자막 없는 미국영화를 보느라 신경을 집중했더니 머리도 멍멍 하다. 이럴 때 시원한 맥주 한 잔이면 기분이 끝내 줄 것 같은데 그녀도 그런 생각이 었었는지 흔쾌히 오케이를 한다. 술집에 들어가니 예상한 대로 미국이나 한국이나 밤 문화는 비슷하게 시끌벅적하다. 그러나 맥주의 시원한 맛은 정말 똑같다.

기초표현  술 마실 때

1. 내가 따라 줄게요.
   ### Let me pour that for you.
   렛 미 포어 댓 포 유
   - 만약에 상대방에게 술 마시자고 제안하면서 '내가 한잔 살게요.' 하고 말한다면 Let me buy you a drink.라고 말할 수 있습니다.

2. 건배!
   ### Bottoms up!
   바텀즈 업

3. 당신을 위하여!
   ### Here's to you!
   히어즈 투 유

4. 맥주 한 잔 더 하실래요?
   ### Would you like another glass of beer?
   우 쥬 라익 어너더 글래스 어브 비어

대화 표현의 활용

크, 이럴 땐 역시 시원한 맥주가 제 맛이야! 영화 보고 나서 맥주를 마시며 영화에 대해 이야기하는 즐거움!

DIALOG

동 수	**Would you like another glass of beer?**
캐서린	Sure. How about you?
동 수	I'll drink if you drink.
캐서린	**Bottoms up!**
동 수	How much do you usually drink?
캐서린	Actually, I usually don't drink. Do you drink a lot?
동 수	Well, it depends on whom I'm with.

동 수	**맥주 더 하실래요?**
캐서린	좋죠. 당신은요?
동 수	당신이 마시면 저도 마시죠.
캐서린	**건배!**
동 수	보통 얼마나 마시나요?
캐서린	사실, 전 평소에 술을 잘 안 마셔요. 많이 드세요?
동 수	글쎄요, 누구와 함께 마시냐에 따라 다르죠.

잠깐 알고 갈까요?

미국은 철저하게 미성년자에 대한 주류 판매를 금지하고 있습니다. 편의점 같은 경우 한 번 적발되면 가차없이 영업 정지를 당하기도 합니다. 또한 술집에서도 입구에서 doorman이 어려 보이는 사람에게는 ID카드를 요구합니다. 친구들과 같이 술집에 가면 마실 때마다 술 값을 각자 내는 것이 일반적이며 만약 한 차례 사고 싶으면 buy a round라는 표현을 쓰면 됩니다.

 ## 술을 주문할 때

만약에 동수가 술을 주문한다면…

1. 위스키 한 잔 주세요.
   I'll have a shot of whiskey.
   아윌 해 버 샷 어브 위스키
   - shot은 '발사, 발포, 총알' 등의 뜻이 있지만 여기에서는 '(얼음 없는 위스키) 한 잔'을 뜻합니다.

2. 한 잔 더 주세요.
   Give me one more, please.
   깁 미 원 모어 플리즈

3. 얼음은 넣지 마세요.
   No ice, please.
   노우 아이스 플리즈
   - 반대로 '얼음을 넣어 주세요.'라고 한다면 with ice, please.라고 말하면 됩니다.

4. 맥주 두 잔 가져다 주세요.
   Will you get us two beers? please.
   윌 유 겟 어스 투 비어즈 플리즈

A _ One whiskey, please. How about you?
B _ I'll have the same.
A _ Would you like that on the rocks or straight up?
B _ **No ice, please.**

A _ 전 위스키 한 잔 마실래요. 당신은요?
B _ 저도 같은 것으로 마실게요.
A _ 얼음 있는 게 좋은가요 없는 게 좋은가요?
B _ 얼음 없는 것으로 주세요.

 **술과 주량**

술

1. 오늘 밤 술 한잔합시다.
   How about a drink tonight?
   하우 어바웃 어 드링크 터나잇

2. 한 잔 해.
   Why don't you have another glass?
   와이 돈 츄 해브 어나더 글래스

3. 이번 잔은 내가 살게요.
   This is on me.
   디스 이즈 언 미

4. 이번에는 네가 사라.
   It's your turn to buy.
   잇츠 유어 턴 투 바이

5. 취한다!
   I'm so drunk!
   아임 쏘우 드렁크

주량

1. 주량은 어떻게 되나요?
   How much do you usually drink?
   하우 머취 두 유 유즈얼리 드링크

2. 가끔 마십니다.
   I drink occasionally.
   아이 드링크 오케이줘널리

3. 술을 끊었습니다.
   I'm on the wagon.
   아임 언 더 웨건

4. 술이 셉니다.
   I'm a heavy drinker.
   아임 어 헤비 드링커

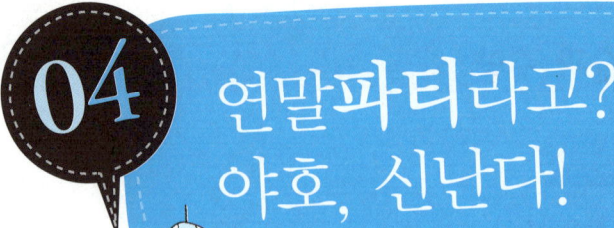

04 연말파티라고? 야호, 신난다!

아르바이트를 열심히 하면서 캐서린과 어울려 다니기를 벌써 한 달. 처음으로 아르바이트비를 받으니 가슴이 뿌듯하다.(달러 벌었다!) 누나를 위해 작은 선물을 사고 조카를 위해 장난감, 매형을 위해 많이 낡아 보이는 명함지갑을 새 것으로 샀다. 가슴이 따뜻해지는 이 느낌. 그런데 캐서린이 연말에 뭐 할 거냐고 묻는다. "뭐, 그냥 할 거 없어요." "그럼 우리 집에서 파티 하는데 올래요?" 야호, 신나라! 한국에서 투캅스와 성룡 영화로 보낸 연말의 한을 여기서 풀 수 있다니!

 파티

1. 어떤 파티입니까?
What kind of party are you having?
왓 카인드 어브 파티 아 유 해빙
○ 상대방을 파티에 초대하는 표현은 I'd like to invite you a party.라고 표현할 수 있습니다.

2. 언제 가면 됩니까?
What time should I show up?
왓 타임 슛 아이 쇼우 업
○ show up은 구어체에서 '(모임 등에) 나오다, 나타나다' 라는 표현입니다.

3. 옷은 어떻게 입어야 하나요?
What should I wear?
왓 슛 아이 웨어

4. 정장을 해야 합니까?
Should I dress formally?
슛 아이 드레스 포멀리
○ sdress는 '옷을 입다' 라는 뜻입니다. 만약 누군가가 홀딱 반할 만한 옷차림을 했다면 **be dressed to kill**이라는 표현을 쓸 수 있습니다.

 ## 대화 표현의 활용

그런데 어떤 파티일까? 설마 정장 차림의 격식을 따지는 파티는 아니겠지? 그냥, 젊은 애들끼리 맥주 마시며 춤추는 그런 파티라면 좋겠는데…….

 DIALOG

동 수 **What kind of party are you having?**
캐서린 A New Year's party.
동 수 Sounds great! **What time should I show up?**
동 수 The party starts at six o'clock. You can come at 7 o'clock.
동 수 I've never been to a party before. **What should I wear?**
캐서린 Wear whatever you feel like.
동 수 Okay. I'll see you at 7 o'clock then.

동 수 어떤 파티입니까?
캐서린 새해를 축하하는 파티예요.
동 수 좋은데요. 언제쯤 갈까요?
캐서린 파티는 6시에 시작해요. 7시에 오면 될 거예요.
동 수 나는 파티에 가 본 적이 없어요. 옷은 어떻게 입어야 하죠?
캐서린 그냥 편한 옷을 입고 오세요.
동 수 알았어요. 7시에 보도록 하죠.

○ 잠깐 알고 갈까요?

단순히 모여 차 한잔하는 것도 파티라는 이름을 붙이는 것이 미국 사람들입니다. 그래서 별의별 파티가 다 있습니다. 우리말로 하면 '○○모임'이 전부 파티라고 불립니다.

 **파티 참석 여부**

동수가 파티 참석 여부를 말한다면…

1. 갈게요. 초대해 줘서 고마워요.
   I'd love to come. Thanks for inviting me.
   아이드 럽 투 컴 땡스 포 인바팅 미
   - 상대방의 초대에 응할 때는 Thank you, I'd love to.라는 표현을 쓸 수 있습니다.

2. 좋아요. 갈게요.
   Okay. I'll be there.
   오케이 아윌 비 데어

3. 그거 아주 좋군요.
   That sounds great.
   댓 싸운즈 그레잇
   - sound는 '~처럼 들리다, 생각되다'라는 뜻입니다. 예를 들어 어떤 생각이 좋다고 생각되면 That sounds like a good idea.라는 표현을 쓸 수 있습니다.

4. 유감스럽게도 참석하지 못할 것 같습니다.
   I'm afraid I won't be able to go.
   아임 어프레이드 아이 원 비 에이블 투 고우

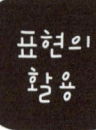

A _ **I'd love to come. Thanks for inviting me.**
　　　When is it, again?
B _ It starts tomorrow night.
A _ I'm afraid I can't make it tomorrow night.
B _ Oh! That's too bad.

　A _ 참석할게요. 초대해 줘서 고마워요. 언제라고 그랬죠?
　B _ 내일 밤에 시작합니다.
　A _ 유감스럽게도 내일 밤엔 참석하지 못할 것 같습니다.
　B _ 애석하군요.

파티 제의와 파티 장

파티 제의

1. 일상적인 파티입니까?
   Is it a casual party?
   이즈 잇 어 캐주얼 파티

2. 격식이 있는 모임입니다.
   It's a formal affair.
   잇츠 어 포멀 어페어

3. 누가 옵니까?
   Who's going to be there?
   후즈 고잉 투 비 데어

4. 일행을 데려가도 됩니까?
   Can I bring my guests?
   캔 아이 브링 마이 게스츠

파티 장

1. 정말 멋진 파티군!
   This party is rocking!
   디스 파티 이즈 락킹

2. 멋진 파티죠?
   It's a nice party, isn't it?
   잇츠 어 나이스 파티 이즌 잇

3. 꿔다 논 보리자루 같은 느낌이 드네요.
   I feel like a fish out of water.
   아이 필 라이커 피쉬 아웃 어브 워러

4. 저하고 춤을 추실까요?
   Would you like to dance with me?
   우 쥬 라익 투 댄스 윗 미

5. 오늘 밤 정말 재밌게 보냈습니다.
   I had lots of fun tonight.
   아이 해드 랏츠 어브 펀 터나잇

연습문제

1
- A _ 여가 시간에는 무엇을 하세요?
- B _ I play tennis with my family.
- A _ Great. How about playing with me sometime?
- B _ Sure. You can join us anytime you want.

> A _ What do you do in your spare time?
> B _ 가족들과 같이 테니스를 칩니다.
> A _ 좋군요. 언제 저랑 같이 한 번 치는 게 어때요?
> B _ 그럼요. 원하는 시간에 아무 때나 오세요.

2
- A _ Let's go to the movies tonight.
- B _ What do you want to see?
- A _ "War Of The Worlds" started today.
- B _ 누가 출연하는데?
- A _ I heard Tom Cruise is starring in it.

> A _ 오늘 밤 영화 보러 가자.
> B _ 뭐를 보러 갈 건데?
> A _ 오늘부터 '우주 전쟁' 이 상영을 해.
> B _ Who's in it?
> A _ 톰 크루즈가 그 영화의 주인공으로 나온다고 들었어.

3
A _ You were great today. 건배!
B _ Cheers! 맥주 한 잔 더 할래?
A _ Of course. Let me pour that for you.
B _ No, thank you. I think I'm already drunk!

> A _ 오늘 너 정말 훌륭했어. **Bottoms up!**
> B _ 위하여! **Would you like another glass of beer?**
> A _ 당연하지. 내가 따라 줄게.
> B _ 난 됐어. 이미 취한 것 같아.

4
A _ 그 파티에는 정장을 입어야 하니?
B _ I think you should.
A _ What kind of party is it?
B _ It's a cocktail party.

> A _ **Should I dress formally for the party?**
> B _ 아마 그래야 할 거야.
> A _ 어떤 파티인데 그래?
> B _ 칵테일 파티야.

출발과 도착

쇼핑하기

여가와 취미

미국 생활

식당에서

캐서린, 처음 볼 때부터 느낌이 좋았는데 보면 볼수록 더 좋아 지는 거야. 특히 저번 파티에서는 정말 매력적으로 보이기까지 하더군. 이제 며칠 후면 그녀는 다시 공부하러 대학으로 돌아가야 할 것 이고 나도 조만간 한국으로 돌아가야 하는데 그냥 이대로 헤어지기에는 뭔가 아쉬움이 남을 것 같아. 뭔가 특별한

Chapter 05
식당에서

추억이 될 만한 시간을 갖고 싶은데…… 그래, 영화에 나오는 남녀처럼 근사한 식당에서 멋진 식사를 하면 어떨까? 혹시 알아 어떻게 될지도? 그녀에게 식사이야기를 했더니 항상 그렇듯이 밝게 웃으며 좋다고 한다.

01 식당예약은 처음인데!

야호! 그녀와 단 둘이서 분위기 있는 식사를 하게 되다니 괜스레 가슴이 뛴다. 한국 여성들이여, 시샘하지 마시기를……. 나는 그대들로부터 버림받은 어둠의 자식이었거늘……. 어쨌든 멋진 식당에서 분위기 있는 시간을 보내야 할 텐데 어디에 가야 그런 식당이 있는지, 그런 곳에서 어떻게 처신을 해야 할지도 모르는데 걱정된다. 이거 완전 촌놈 되는 거 아냐? 누나에게 물어보기는 쑥스럽고 같은 남자니까 매형에게 물어봐야겠다. 매형은 웃으며 "처남, 능력 좋네"라고 말하며 어느 정도 격식 있는 식당은 예약을 해야 한다고 한다.

기초표현  식당 예약

1. 오늘 밤 예약이 가능한가요?
   Is it possible to make a reservation tonight?
   이즈 잇 파서블 투 메이 커 레줘베이션 터나잇

   > possible이 '가능한, 실행할 수 있는'의 뜻으로 쓰일 때에는 사람을 주어로 하지 않는 것을 알아두세요.

2. 7시에 예약을 하고 싶습니다.
   I'd like to make a reservation for 7 p.m.
   아이드 라익 투 메이 커 레줘베이션 포 쎄번 피엠

3. 몇 분이십니까?
   For how many, sir?
   포 하우 매니 써어

   > 사람 수를 물을 때 How many in your party?라고 묻기도 하는데 여기서 party는 '일행'이란 뜻입니다.

4. 어느 분 이름으로 예약을 하겠습니까?
   What name should I put this reservation under?
   왓 네임 슛 아이 풋 디스 레줘베이션 언더

 **대화 표현의 활용**

매형이 알려 준 식당에 예약을 해야 하는데 이상하게 긴장된다. 에이! 내 돈 주고 밥 먹으로 간다는데 손님인 내가 왜, 긴장해야 하지?

 DIALOG

식당직원	Italy's Garden Restaurant. How may I help you?
동 수	**I'd like to make a reservation for 7 p.m.**
식당직원	**For how many, sir?**
동 수	I need a table for two.
식당직원	Would you prefer the smoking or non-smoking section?
동 수	Non-smoking, please.
식당직원	**And what name should I put this reservation under?**
동 수	Put it under Dongsu Park, please. That D-O-N-G-S-U and the last name is park P-A-R-K.

식당직원	이태리 가든 식당입니다. 무엇을 도와 드릴까요?
동 수	7시에 예약을 하려고 합니다.
식당직원	몇 분이십니까?
동 수	두 사람 자리를 부탁합니다.
식당직원	흡연석과 금연석 중 어느 것을 원하십니까?
동 수	금연석 부탁합니다.
식당직원	어느 분 이름으로 예약해 드릴까요?
동 수	박동수라고 적어 주세요. 이름은 D-O-N-G-S-U이구요 성은 박 P-A-R-K입니다.

 **예약의 취소**

동수가 일이 생겨 식당 예약을 취소한다면…

1. 오늘 밤 7시에 예약한 것을 취소하고 싶습니다.
   I'd like to cancel my reservation for 7 tonight.
   아이드 라익 투 캔쓸 마이 레줘베이션 포 쎄번 터나잇

2. 일이 생겨서 예약 시간에 갈 수 없을 것 같습니다.
   Something's come up. We won't be able to keep our reservation.
   썸띵즈 컴 업 위 원트 비 에이블 투 킵 아워 레줘베이션
   ○ 여기서 come up은 '(일이) 생기다, 일어나다'라는 표현입니다.

3. 성함과 예약 시간을 말씀해 주세요.
   Would you give me your name and the time of the reservation, please?
   우 쥬 깁 미 유어 네임 앤 더 타임 어브 더 레줘베이션 플리즈

4. 다음에 우리 식당에서 식사하기를 바라겠습니다.
   I hope you'll dine with us some other time.
   아이 홉 유윌 다인 윗 어스 썸 어더 타임
   ○ dine은 '식사를 하다, 정찬을 하다'라는 뜻입니다.

 표현의 활용

A _ I'd like to cancel my reservation for 7 tonight.
B _ Would you like to make a reservation for another time?
A _ No, not right now. No thank you.
B _ Well, I hope you'll dine with us some other time.

A _ 오늘 밤 7시에 예약한 것을 취소하고 싶습니다.
B _ 다른 시간으로 예약해 드릴까요?
A _ 아니요 오늘은 안 됩니다. 고맙지만 사양합니다.
B _ 다음에 우리 식당에서 식사하시기를 바랍니다.

더 많은 표현: 식사 제의와 식당 예약

식사 제의

1. 오늘 저와 저녁식사 같이 하시겠어요?
   Would you like to have dinner with me today?
   우 쥬 라익 투 해브 디너 위드 미 터데이

2. 제가 점심을 대접하고 싶습니다.
   I'd like to treat you to lunch.
   아이드 라익 투 트릿 츄 투 런취

3. 특별히 마음에 정해둔 식당이 있나요?
   Did you have a particular restaurant in mind?
   디 쥬 해 버 파티큘러 레스터런트 인 마인드

4. 저녁으로 뭐를 먹을까요?
   What would you like to have for dinner?
   왓 우 쥬 라익 투 해브 포 디너

식당 예약

1. 저녁식사를 하려면 예약해야 합니까?
   Do I need to make a reservation for dinner?
   두 아이 니잇 투 메이 커 레줴베이션 포 디너

2. 언제 오실 건가요?
   What time will you be arriving?
   왓 타임 윌 유 비 어라이빙

3. 흡연석과 금연석 중 어느 것을 원하십니까?
   Would you prefer smoking or nonsmoking section?
   우 쥬 프리퍼 스모우킹 오어 난스모우킹 섹션

4. 오늘 저녁은 모든 좌석이 예약이 됐습니다.
   We are booked out for tonight.
   위 아 북트 아웃 포 터나잇

5. 9시 이후에는 자리를 마련해 드릴 수 있습니다.
   We can give you a table after 9:00.
   위 캔 깁 유 어 테이블 애프터 나인 어클라악

식당 입구에서는 품위 있게!

드디어 약속한 그 날! 누나의 차를 몰고 캐서린의 집 앞으로 갔다. 마침 그녀도 집에서 막 나오고 있는데. 우와! 멋있게 차려입은 그녀는 평소와는 전혀 다른 분위기! (정장만큼 정숙하면서도 섹시한 옷이 또 있을까?) 입이 절로 벌어진다. 갑자기 떨리는 가슴을 진정시키며 캐서린을 태우고 예약한 식당으로 갔다. 식당에 도착해서는 매형이 알려 준 대로 카운터로 가 안내원에게 예약을 확인했다.

기초 표현 - 식당 입구

1. 오늘 밤 7시에 예약을 했습니다.
   I made a reservation tonight for 7 o'clock.
   아이 메이 더 레줘베이션 터나잇 포 쎄번 어클락
   - 만약에 '박동수라는 이름으로 예약을 했습니다.' 라고 한다면 I have a reservation under Dongsu Park.이라고 하면 됩니다.

2. 성함을 말씀해 주시겠어요?
   What's your name, please?
   왓츠 유어 네임 플리즈

3. 안내해 드릴 테니 잠시 기다려 주세요.
   Please wait to be seated.
   플리즈 웨잇 투 비 씨잇티드
   - 격식 있는 레스토랑에는 흔히 입구에 Wait to be seated.라고 쓰여 있는데 이 말은 '안내해 드릴 테니 기다리세요.' 라는 표현입니다.

4. 죄송하지만 10분 정도 기다리셔야 합니다.
   I'm afraid you'll have to wait another ten minutes.
   아임 어프레이드 유윌 햅 투 웨잇 어나더 텐 미닛츠

 **대화** 표현의 활용

아름다운 캐서린, 역시 내가 여자 보는 눈은 있다니까.식당 입구에는 품위 있어 보이는 종업원들이 정중하게 우리를 맞이한다.

 DIALOG

동 수	**I made a reservation tonight for 7 o'clock.**
식당직원	What's your name, please?
동 수	The reservation is under Dongsu Park.
식당직원	**Please wait to be seated.** I'll just check the list.
동 수	I came a little earlier than my reservation time, actually.
식당직원	**I'm afraid you're going to have to wait another ten minutes.**

동 수	오늘 밤 7시에 예약을 했습니다.
식당직원	성함을 알려 주시겠습니까?
동 수	박동수라는 이름으로 예약을 했습니다.
식당직원	**안내해 드릴 테니 잠시 기다려 주세요.** 명단을 금방 확인해 드리겠습니다.
동 수	제가 예약한 것보다 빨리 왔습니다.
식당직원	**죄송하지만 10분 정도 기다리셔야 합니다.**

● 잠깐 알고 갈까요?

고급 식당에서는 식당 입구에 식당 직원이 손님을 접대하는데 이때 '몇 분이십니까?' 또는 '예약을 하셨습니까?' 라는 질문을 받습니다. 예약이 되어 있으면 준비된 테이블로 안내되고 그렇지 않으면 적당한 빈 자리로 안내됩니다. 자리가 비어 있다고 안내원을 무시하고 불쑥 앉는 것은 실례가 됩니다.

 **예약 하지 않은 경우 식당 입구**

동수가 예약을 하지 않고 식당에 갔다면…

1. 두 사람이 앉을 자리가 있습니까?
   Do you have a table for two?
   두 유 해 버 테이블 포 투

2. 지금 당장은 자리가 없을 것 같군요.
   I'm afraid there's nothing available right now.
   아임 어프레이드 데어즈 낫씽 어베이러벌 라잇 나우

   ○ available은 '이용할 수 있는'의 뜻이 있고 '시간이 있는'의 뜻도 있습니다. 예를 들어 Are you available this afternoon?이라고 하면 '오늘 오후에 시간이 있습니까?' 라는 표현이 됩니다.

3. 얼마나 오래 기다려야 하죠?
   How long will we have to wait?
   하우 롱 윌 위 햅 투 웨잇

4. 대기자 명단에 제 이름을 올릴 수 있습니까?
   Could you put my name on the waiting list?
   큐 쥬 풋 마이 네임 언 더 웨이팅 리스트

   ○ 만약에 기다리다가 '우리 차례가 아직 안 됐습니까?' 하고 묻는다면 Isn't it our turn yet?라고 표현할 수 있습니다.

A _ How many are in your party?
B _ **Do you have a table for two?**
A _ I'm afraid there's nothing available right now.
B _ I see. **Could you put my name on the waiting list then, please?**

A _ 일행이 몇 분이세요?
B _ 두 사람이 앉을 자리가 있습니까?
A _ 지금 당장은 자리가 없을 것 같군요.
B _ 알겠습니다. 대기자 명단에 제 이름을 올릴 수 있습니까?

예약한 경우와 안한 경우

예약한 경우

1. 예약하셨습니까?
   Do you have a reservation?
   두 유 해 버 레줘베이션

2. 명단에 손님의 이름이 없습니다.
   We don't have your name on the list.
   위 돈 해 뷰어 네임 언 더 리스트

3. 2시쯤에 전화로 예약을 했습니다.
   I booked a table around 2 on the phone.
   아이 북트 어 테이블 어라운드 투 언 더 폰

4. 명단을 다시 확인해 주시겠습니까?
   Would you check the list again?
   우 쥬 첵 더 리스트 어게인

예약을 안 한 경우

1. 일행이 있습니까?
   Are you with someone?
   아 유 윗 썸원

2. 일행이 몇 분이십니까?
   How many are there in your party?
   하우 매니 아 데어 인 유어 파티

3. 지금은 자리가 없습니다.
   All seats are currently taken.
   올 씨잇츠 아 커렌틀리 테이큰

4. 기다리시는 동안 여기에 앉아 계세요.
   Please have a seat here while you wait.
   플리즈 해 버 씨잇 히어 와일 유 웨잇

5. 30분 정도 기다리셔야 합니다.
   It'll be about 30 minutes.
   잇윌 비 어바웃 써티 미닛츠

03 세련되게 식사 주문을 하다!

자, 이제는 주문을 해야 하는데……. 메뉴는 당연히 내게 익숙하지 않은 음식들! 그러나 매형에게 매달려 어떤 음식을 주문해야 할지, 어떤 음료를 주문해야 할지 등을 알아내고 연습, 또 연습을 한 덕분에 그럴듯하게 수프, 메인요리, 샐러드, 디저트 등을 멋지게 (내 생각에) 주문하는 데 성공! 참, 밥 한 끼 먹기 힘들다. 그녀는 이런 데서 많이 식사를 해 봤는지 행동이 아주 자연스럽다.

 **식사 주문**

1. 지금 주문하시겠습니까?
   Are you ready to order now?
   아 유 레디 투 오더 나우
   - 식당에서 주문 받는 표현은 May I take your order?(주문을 받아도 되겠습니까?), What would you like to have?(뭘 드시겠습니까?) 등이 있습니다.

2. 스테이크로 하겠습니다.
   I'll have the steak.
   아윌 햅 더 스테이크
   - '~을 먹겠습니다.' 는 I'll have ~.라는 표현을 쓸 수 있습니다.

3. 스테이크는 어떻게 해 드릴까요?
   How do you like your steak?
   하우 두 유 라이 큐어 스테이크
   - 이 표현은 스테이크를 굽는 정도를 물을 때 쓰는 표현입니다.

4. 잘 [중간 정도 / 덜] 익혀 주세요.
   Well done [Medium / Rare], please.
   웰 던 [미디엄 / 레어] 플리즈

 **대화 표현의 활용**

웨이터가 와서 주문을 확인하려 하는데 아무래도 처음 접하는 분위기에 어색하고 주눅이 든다. 하지만 이럴 때를 대비해서 연습한 거 아니겠어?

 DIALOG

웨이터	Are you ready to order now?
동 수	Yes. **I'll have the steak, please.**
웨이터	How do you like your steak?
동 수	**Well done, please.**
웨이터	What kind of soup would you like?
동 수	I'll have the vegetable soup.
웨이터	And would you like anything else?

웨이터	지금 주문하시겠습니까?
동 수	네. **스테이크로 하겠습니다.**
웨이터	스테이크는 어떻게 해 드릴까요?
동 수	**완전히 익혀 주세요.**
웨이터	수프는 어떤 것으로 드시겠습니까?
동 수	야채 수프로 하겠습니다.
웨이터	더 필요한 것은 없으신가요?

● **잠깐 알고 갈까요?**

식사 예절은 냅킨은 무릎 위에, 나이프와 포크는 코스에 따라 각각 따로 사용합니다. 대략 3개 이하인데 바깥에 있는 것부터 순서대로 사용하면 됩니다. 나이프 사용은 칼날은 자기 쪽으로 향하게 하고 식사 중 나이프, 포크는 접시 양쪽 끝에 걸치거나 교차하도록 합니다. 좀 복잡하지만 절대적으로 지켜야 할 것은 아닙니다. 지나치게 예절을 의식하여 맛도 음미 못한다면 그게 더 문제겠죠?

 **음식에 대해 물어볼 때**

동수가 음식에 대해 물어본다면…

1. 오늘의 요리가 무엇입니까?
   What's the special today?
   왓츠 더 스페셜 터데이

2. 여기에서는 무슨 음식을 잘합니까?
   What's good here?
   왓츠 굿 히어
   - What do you specialize in?이라고 해도 비슷한 의미의 표현입니다.

3. 어떤 음식을 추천해 주시겠습니까?
   What do you recommend?
   왓 두 유 레커멘트

4. 특산 요리가 있습니까?
   Do you have any local dishes?
   두 유 햅 에니 로컬 디쉬스
   - dish는 '큰 접시, 식기류'의 뜻이 있지만 '(접시에 담은) 요리'나 '일반적인 음식'을 나타낼 때도 쓰입니다.

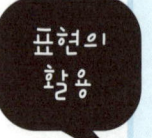

A _ This is my first time here. **What's the special today?**
B _ Today's special is spaghetti.
A _ I see. Can you recommend anything?
B _ I recommend any of our local dishes.

A _ 여기엔 처음입니다. 오늘의 요리가 무엇입니까?
B _ 오늘의 요리는 스파게티입니다.
A _ 알겠습니다. 권해 줄 음식이 있나요?
B _ 저는 우리의 특산 요리를 권해 드리고 싶습니다.

식사 주문과 디저트

식사 주문

1. 뭘 드시겠습니까?
   What would you like to have?
   왓 우 쥬 라익 투 해브

2. 메뉴 좀 볼 수 있을까요?
   Can we have the menu, please?
   캔 위 해브 더 메뉴 플리즈

3. 이걸로 주세요.
   I'd like this one, please.
   아이드 라익 디스 원 플리즈

4. 샐러드를 드시겠습니까?
   Would you like salad?
   우 쥬 라익 샐러드

5. 어떤 드레싱을 드시겠습니까?
   What kind of dressing would you like?
   왓 카인 더브 드레씽 우 쥬 라익

디저트

1. 디저트로 뭘 드릴까요?
   What would you like for dessert?
   왓 우 쥬 라익 포 디저트

2. 디저트로 블루베리파이 한 조각 하겠습니다.
   I'll have a slice of blueberry pie for dessert.
   아윌 해 버 슬라이스 어브 블루베리 파이 포 디저트

3. 커피 한 잔 부탁합니다.
   Get me a cup of coffee, please.
   겟 미 어 컵 어브 커피 플리즈

4. 저는 디저트를 생략할게요.
   I'll skip the dessert.
   아윌 스키입 더 디저트

04 식사할 때에는 즐거운 대화를!

식당 분위기는 참 좋지만 솔직히 내 스타일은 아니다. 뭔가 나하고 어울리지 않는 것 같고 꿔다 논 보릿자루 같다. 거기다 앞에는 오늘따라 자꾸 의식이 되는 그녀. 무슨 말을 건네야 할지 혼자 끙끙 앓고 있는데 친절하게도 캐서린이 먼저 말을 꺼낸다. "여기 음식 맛있는 줄 어떻게 알았어요? 자주 왔나 봐요?" 한다. "아니, 이런 데는 처음이고 매형한테 매달려서 겨우 알아냈어요." 나도 모르게 주책없는 말을 하고 말았다. 아, 나는 항상 왜 이러지? 나한테 짜증이 나려고 하네…….

 **식사할 때 대화**

1. 여기에는 자주 오시나요?
   ### Do you come here often?
   두 유 컴 히어 오픈

   ○ 참고로 단골 손님은 regular customer 또는 steady customer로 표현할 수 있습니다.

2. 이 식당 참 분위기가 좋아요.
   ### The atmosphere is very nice in this restaurant.
   디 엇모스피어 이즈 베리 나이스 인 디스 레스토런트

3. 이 식당은 항상 사람들로 붐빕니다.
   ### This restaurant is always crowded.
   디스 레스토런트 이즈 올웨이즈 크라우디드

   ○ 만약에 '이 식당은 스파게티를 잘해요.' 라고 하면 This restaurant is great for spaghetti.라고 할 수 있습니다.

4. 당신 음식은 어때요?
   ### How is your food?
   하우 이즈 유어 푸드

 **표현의 활용**

살짝 캐서린을 보니 귀엽다는 듯이 나를 보고 있다. 휴! 다행이다. 이제 다시 자연스럽게 캐서린과 이야기를 해 봐야지?

캐서린	**Do you come here often?**
동 수	No. Actually, this is my first time here.
캐서린	**The atmosphere is very nice in this restaurant.**
동 수	Yeah, but it's really crowded.
캐서린	**How is your food?**
동 수	It's delicious.

캐서린	여기 자주 와요?
동 수	아니요. 사실 여긴 처음이에요.
캐서린	이 식당 참 분위기가 좋아요.
동 수	하지만 사람들이 참 많군요.
캐서린	당신 음식은 어때요?
동 수	맛있어요.

● 잠깐 알고 갈까요?

식사를 하는 중간중간에 담당하는 웨이터나 웨이트리스가 자주 와서 더 필요한 것이 없냐고 묻습니다. 그냥 제공되는 빵이나 음료는 언제든지 더 먹고 싶으면 먹을 수 있습니다. 식사가 끝나면 음식값과 팁은 테이블에 놓고 가면 됩니다. 팁은 음식 요금의 10~20% 주면 되는데 얼마를 주느냐는 서비스의 질에 따라 스스로 결정하면 됩니다. 그러나 아이스크림 등을 파는 카페테리아나, 패스트푸드점에서는 팁이 필요없습니다.

 음식에 문제가 있을 때

식사하는 도중에 문제가 생긴다면…

1. 주문한 게 아직 안 나왔어요.
   I didn't get my order yet.
   아이 디든 겟 마이 오더 옛
   - 음식이 나오지 않아 앞으로 시간이 얼마나 더 걸릴 것인지 물을 때에는 How much longer will my order take?라고 물을 수 있습니다.

2. 이것은 제가 주문한 음식이 아닙니다.
   This is not what I ordered.
   디스 이즈 낫 왓 아이 오더드

3. 중간으로 익힌 것을 원했는데, 덜 익힌 것이 나왔습니다.
   I wanted my steak medium, but it's rare.
   아이 원티드 마이 스테익 미디엄 벗 잇츠 레어

4. 제 음식에 이상한 것이 있습니다.
   There is something strange in my food.
   데어 이즈 썸띵 스트레인쥐 인 마이 푸드
   - 음식이 상한 것 같으면 I'm afraid this food is stale.이라고 표현할 수 있습니다.

A _ **I didn't get my order yet.**
B _ I'm sorry it's taking so long. Here you go, sir.
A _ Hold on. **This is not what I ordered.**
     I wanted my steak medium, but it's rare. see? It's red!

A _ 주문한 게 아직 안 나왔어요.
B _ 늦어서 죄송합니다. 여기 주문하신 식사가 있습니다.
A _ 잠깐만요. 이것은 제가 주문한 음식이 아닙니다. 중간으로 익힌 것을 원했는데, 이건 덜 익은 거잖아요. 보세요. 붉은색이에요!

식사할 때 대화와 서비스 요구

식사할 때 대화

1. 이 식당은 파스타를 맛있게 잘해요.
   This restaurant serve delicious pasta.
   디스 레스터런트 써브 딜리셔스 파스터

2. 이거 맛 좀 보세요.
   Would you like to taste this?
   우 쥬 라익 투 테이스트 디스

3. 예상한 것 보다 맛있군요.
   It's better than I expected.
   잇츠 베러 댄 아 익스펙티드

4. 내 입맛에는 맞지 않아요.
   I don't like the taste of it.
   아이 돈 라익 더 테이스트 오브 잇

5. 덕분에 저녁 잘 먹었습니다.
   Thank you for dinner today.
   땡 큐 포 디너 터데이

필요한 서비스 요구

1. 물을 좀 더 주시겠어요?
   May I have more water?
   메이 아이 햅 모어 워러

2. 테이블 좀 치워 주세요.
   Can you clear the table?
   캔 유 클리어 더 테이블

3. 포크를 떨어뜨렸어요. 다른 것을 가져다주시겠어요?
   I dropped my fork. Could you bring me another one?
   아이 드랍트 마이 포오크 쿠 쥬 브링 미 어나더 원

4. 음식이 차가운데 데워 주시겠습니까?
   This food is cold. Could you warm it up?
   디스 풋 이즈 콜드 쿠 쥬 웜엄 잇 업

 연습문제

1
A _ 1시에 두 사람 자리를 예약하고 싶습니다.
B _ What name should I put this reservation under?
A _ Put it under Chanho, please. That's C-H-A-N-H-O.

> A _ **I'd like to make a reservation for two people at 1 p.m**
> B _ 어느 분 이름으로 예약을 하겠습니까?
> A _ 찬호라고 적어 주세요. C-H-A-H-O입니다.

2
A _ 오늘 밤 여섯 시에 예약을 했습니다.
B _ May I have your name, please?
A _ My name is Sujin.
B _ Okay. If you could just wait to be seated.

> A _ **I made a reservation tonight for 6 o'clock.**
> B _ 성함을 알려 주시겠습니까?
> A _ 제 이름은 수진입니다.
> B _ 네. 잠시 기다려 주십시오.

③ A _ May I take your order?
B _ 스테이크로 하겠습니다.
A _ And how do you like your steak?
B _ 중간 정도 익혀 주세요.

> A _ 주문을 받아도 되겠습니까?
> B _ I'll have the steak, please.
> A _ 스테이크는 어떻게 해 드릴까요?
> B _ Medium, please.

④ A _ 음식은 어때?
B _ This tastes really good.
A _ I'm glad to hear that.
B _ I'd love to come here again.

> A _ How is your food?
> B _ 맛이 정말 좋은데.
> A _ 그 말을 들으니 다행이다.
> B _ 나중에 또 오고 싶어.

출발과 도착

쇼핑하기

여가와 취미

미국 생활

식당에서

여행하기

"혹시나 했지만 역시나" 나는 여전히 솔로부대 말뚝상사 하지만 캐서린도 그렇고 나도 그렇고 서로에게 좋은 친구로 추억될 것 같다. 특히 캐서린이 동아시아문화가 전공이어서 한국에 올 수도 있다고 했으니까 한국에서 만난다면 멋진 모습을 보일 수도 있지 않겠어? 꿈꾸지 말라고? Well, 그건 그렇고 나도 이제 한국으로 돌아갈 시간 이 다가오는 것 같아. 그런데 뭐야! 지

Chapter 06
여행하기

금까지 미국에 와서 이 근처를 벗어난 적도 없잖아? 아르바이트하고 좋은 여자 친구도 사귀고 나름 즐거운 시간이었지만 그래도 미국까지 와서 여행 한 번 안 한다는 게 말이 되나? 이럴 수는 없지. 누나에게 말하니 누나도 "그래, 너 생활 열심히 잘했어."라며 한국에 돌아가기 전에 여행 많이 하라고 한다. 그럼 혼자 떠나는 여행으로 마지막 미국 생활의 대미를 장식해야지.

01 가슴 설레이는 여행은 렌터카로~~

대충 여행 코스를 잡아 보니 아무래도 자동차로 여행해야 충분히 즐길 수 있을 것 같다. 그리고 여기 와서 운전을 몇 번 해 보니 오히려 한국보다 운전하기 편하다. 일단 위협 운전이나 얌체 운전족들이 거의 없기 때문. 하긴, 한국 사람들처럼 운전하다가는 무슨 일을 당할지도 모르지. (여기는 개인이 총을 휴대할 수 있으니까.) 자, 그러면 이제 차만 있으면 되는데, 누나에게 차를 빌려달라고 할까? 아니야, 여행을 마치고 곧바로 한국으로 가야 하니 렌터카회사에서 차를 빌리자.

 **차를 렌트할 때**

1. 차를 한 대 빌리고 싶습니다.
   I'd like to rent a car, please.
   아이드 라익 투 렌 터 카 플리즈
   - 차의 종류를 말할 때 소형차는 compact car, 중형차는 midsize, 고급 대형차는 luxury sedan으로 표현할 수 있습니다.

2. 오토매틱 차를 원합니다.
   I'd like an automatic.
   아이드 라익 언 오토매틱
   - automatic은 '자동의, 기계적인'의 뜻이 있지만 명사로 자동변속기가 달린 자동차를 뜻하기도 합니다.

3. 차를 대여하는 요금은 하루에 얼마입니까?
   What are your daily rental rates for cars?
   왓 아 유어 데일리 렌털 레잇츠 포 카즈

4. 종합 보험으로 해 주세요.
   I want full-coverage.
   아이 원트 풀-커버리쥐

대화 — 표현의 활용

자동차의 나라 미국이 실감나는 렌터카 회사! 정말 종류도 다양하고 가격도 천차만별. 실컷 고급차들 구경하다가 내가 사용할 차를 계약해야지.

- 동 수: **I'd like to rent a car, please.**
- 직 원: What kind of car would you like?
- 동 수: I'd like a compact car. **And I'd like an automatic.**
- 직 원: Will you require insurance?
- 동 수: Yes. **I want full-coverage. What are your daily rental rates for cars?**

- 동 수: 차를 한 대 빌리고 싶습니다.
- 직 원: 어떤 종류의 차를 원하십니까?
- 동 수: 소형차를 원합니다. 그리고 오토매틱 차로 주세요.
- 직 원: 보험을 드시겠습니까?
- 동 수: 예. 종합 보험으로 해 주세요. 차를 대여하는 요금은 하루에 얼마입니까?

○ 잠깐 알고 갈까요?

우리가 아무런 생각 없이 사용하는 자동차에 관련된 영어는 사실 일본식 영어가 대부분입니다. 클락숀은 horn, 본넷은 hood, 만땅을 나타내는 말은 full, fill it up, 쇼바는 shock absorber, 빽미러는 rearview mirror, 핸들은 steering wheel로 표현합니다. 참고로 주유소는 gas station이라고 하는데 gas는 gasoline의 약자입니다.

 **주유소**

동수가 주유소에 간다면…

1. 무엇을 도와 드릴까요?
   ### How may I help you?
   하우 메이 아이 헬 퓨

   ○ 종업원이 '무엇을 도와 드릴까요?' 하고 손님을 맞는 표현은 May I help you?, What can I do for you? 등이 있습니다.

2. 가득 채워 주세요.
   ### Fill it up, please.
   필 잇 업 플리즈

   ○ 자동차에 기름을 가득 채워 넣을 때 Fill it up.이란 표현을 쓸 수 있습니다.

3. 20달러어치 넣어 주세요.
   ### I'll take $ 20 worth.
   아윌 테익 투웬트 달러즈 워쓰

4. 오일 좀 체크해 주시겠어요?
   ### Would you check the oil?
   우 쥬 첵 디 오일

A _ How may I help you?
B _ **Fill it up, please.** And could you clean the windshield?
A _ Is there anything else I can do?
B _ **Would you check the oil, please?**

A _ 무엇을 도와 드릴까요?
B _ **가득 채워 주세요.** 앞 유리 좀 닦아 주시겠어요?
A _ 제가 도와 드릴 일이 또 있습니까?
B _ **오일 좀 체크해 주시겠어요?**

차량 렌트와 점검

차량 렌트

1. 얼마 동안 쓰시겠습니까?
   How long would you like to use it?
   하우 로옹 우 쥬 라익 투 유즈 잇

2. 삼일 동안 빌리고 싶습니다.
   I'd like to keep it for three days.
   아이드 라익 투 킵 잇 포 쓰리 데이즈

3. 기름을 넣어서 반납해야 하나요?
   Should I fill it up before returning it?
   슛 아이 필 잇 업 비포 리터닝 잇

4. 차를 어디에서 반납합니까?
   Where can I leave the car?
   웨어 캔 아이 리브 더 카아

5. 공항에서 반납하면 됩니다.
   You must return the car to the airport.
   유 머스트 리턴 더 카 투 디 에어포트

차량 점검

1. 바퀴가 펑크 났습니다.
   I have a flat tire.
   아이 해 버 플랫 타이어

2. 제 차를 전체적으로 점검해 주세요.
   Could you give my car an overall checkup?
   쿠쥬 깁 마이 카아 언 오버로올 췌크업

3. 이상한 소리가 차에서 납니다.
   My car's making strange noises.
   마이 카즈 메이킹 스트레인쥐 노이지즈

4. 시동이 잘 걸리지 않습니다.
   My car doesn't start very well.
   마이 카아 더즌트 스타트 베리 웨엘

02 사진 한방 찍어 주세요!

여행 첫날 여기는 나이아가라 폭포. 나이아가라는 인디언 말로 "천둥의 소리"라는 뜻인데 왜 이런 이름이 붙여졌는지는 폭포소리를 들어보니 너무나 잘 이해가 된다. 소리뿐만이 아니라 폭포가 떨어지면서 만들어 내는 수증기로 인해 우비가 없으면 홀딱 젖어버리는 엄청난 규모의 폭포, 여기 와서 사진 한 방 안 찍을 수 없지. 옆에 있는 외국인에게 부탁해 봐야겠다.

 **사진을 부탁할 때**

1. 경치가 정말 아름답군요!
   What a beautiful sight!
   왓 어 뷰터펄 싸이트

2. 마치 별천지에 온 것 같군요.
   I feel as if I'm in another world.
   아이 필 애즈 잎 아임 인 어나더 워얼드
   - as if는 '마치 ~인 것처럼'의 뜻으로 as if 절 안에는 가정법이 오지만 회화체에서는 직설법을 쓰기도 합니다.

3. 사진 한 장 찍어 주시겠어요?
   Would you please take a picture of me?
   우 쥬 플리즈 테이 커 픽춰 어브 미
   - 만약 상대방을 찍어도 되냐고 묻는다면 May I take a picture of you?라고 말할 수 있습니다.

4. 저와 사진 한 장 찍으시겠어요?
   Would you like to have your picture taken with me?
   우 쥬 라익 투 해 뷰어 픽춰 테이컨 윗 미

278

 ## 대화 표현의 활용

연인들을 보니까 갑자기 캐서린이 생각나네. 잘 됐으면 지금 캐서린하고 여기에 있을 텐데…….

 **DIALOG**

동 수 **What a beautiful sight!**
외국인 I feel as if I'm in another world.
동 수 May I ask you for a favor?
외국인 Sure. What can I do for you?
동 수 **Would you please take a picture of me?**
외국인 No problem.
동 수 **Would you like to have your picture taken with me?**
외국인 Why not? Let's find someone who can take our picture.

동 수 경치가 정말 아름답군요!
외국인 별천지에 온 느낌입니다.
동 수 무엇 좀 부탁해도 될까요?
외국인 그럼요. 어떻게 도와 드릴까요?
동 수 사진 한 장 찍어 주시겠습니까?
외국인 그럼요.
동 수 저와 사진 한 장 찍으시겠어요?
외국인 좋아요. 우리 사진을 찍어 줄 사람을 찾아보죠.

○ 잠깐 알고 갈까요?

관광할 때는 떠나기 전에 목적지를 정한 후, 경유지, 교통편, 소요 시간, 식사 등에 대한 어느 정도의 계획을 세우고 지도와 안내책자로 도상 훈련을 한 번 해 보는 것이 좋습니다. 그리고 자신이 다닐 곳이 어떤 장소이고 왜 유명한지를 알고 떠난다면 의미 있는 여행이 될 것입니다.

 ## 사진포즈를 주문할 때

동수가 사진을 찍을 때 포즈를 주문한다면…

1. 앞을 보고 움직이지 마세요.
   Look straight ahead and stand still.
   룩 스트레잇 어헤드 앤 스탠드 스틸
   ◎ 여기서 still은 '움직이지 않는, 정지한'의 뜻입니다.

2. 조금 오른쪽으로 서세요.
   Stand a little to the right.
   스탠드 어 리틀 투 더 라잇

3. 카메라를 보세요.
   Look at the camera, please.
   룩 앳 더 캐머러 플리즈

4. 좋아요. 웃으세요.
   All right. Smile.
   올 라잇 스마일
   ◎ 우리가 사진을 찍을 때 웃으라고 하면 흔히 '김치'라고 하는데 영어로는 Say 'cheese'라고 표현할 수 있습니다.

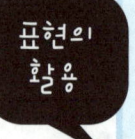

A _ **Look straight ahead and stand still.**
B _ Should I stand like this?
A _ A little more to the right. **All right. Smile!**
B _ Is this okay?

A _ 앞을 보고 움직이지 마세요.
B _ 이렇게 서 있을까요?
A _ 조금 오른쪽으로 서세요. 좋아요. 웃어요.
B _ 이렇게 하면 되나요?

 ## 관광지와 사진

관광지

1. 저게 뭔지 알아요?
   Do you know what that is?
   두 유 노우 왓 댓 이즈

2. 저기에 있는 건물은 무슨 건물이죠?
   What's that building over there?
   왓츠 댓 빌딩 오버 데어

3. 얼마나 오래된 것입니까?
   How old is it?
   하우 올드 이즈 잇

4. 무엇을 위해서 지어졌나요?
   What was it for?
   왓 워즈 잇 포오

5. 입장료는 얼마죠?
   How much is the admission fee?
   하우 머취 이즈 디 어드미션 피

관광지에서 사진

1. 사진 한 장 찍는 것 어때요?
   How about taking a picture?
   하우 어바웃 테이킹 어 픽춰

2. 이 카메라를 어떻게 작동하면 되나요?
   How does this camera work?
   하우 더즈 디스 캐머러 워크

3. 이 셔터만 누르시면 됩니다.
   You just press the shutter.
   유 저스트 프레스 더 셔터

4. 포즈 좀 취해 주세요.
   Would you please pose for me?
   우 쥬 플리즈 포즈 포 미

03 이게 무슨 일이야, 난데없는 교통사고라니…

혼자서 여행을 하다 보니 학교 생각도 나고 한국에 있는 친구들 생각도 난다. 얼마 안 있으면 다시 한국으로 돌아가는구나. 생각해 보면 브래드와의 우연한 만남이 여기까지 나를 오게 한 것을 보면 참 인생은 알 수 없다는 생각이 든다. 한참 생각에 잠겨 운전을 하고 있는데 갑자기 강아지 한 마리가 뛰어들었다. 나는 깜짝 놀라 브레이크를 밟아 강아지를 피하려고 핸들을 돌렸지만 옆에 있는 나무와 충돌하고 말았다. 그리고 어디에서 나타났는지 영화에서만 보던 미국 경찰이 내게로 다가온다.

 **기초 표현** 교통사고가 난 경우

1. 운전면허증 좀 보여 주시겠습니까?
   May I see your driver's license, please?
   메이 아이 씨 유어 드라이버즈 라이선스 플리즈
   ○ 만약에 교통 경찰이 차를 길 옆에 대라는 말을 한다면 Please pull over.라고 말할 수 있습니다.

2. 정확하게 무슨 일이 일어났는지 말해 주시겠습니까?
   What happened exactly?
   왓 해펀드 이그잭틀리

3. 강아지 한 마리가 내 차로 뛰어들었습니다.
   A dog ran into my car.
   어 독 랜 인투 마이 카
   ○ run into는 '~에 뛰어들다, (차가) ~와 충돌하다, 우연히 만나다' 등의 뜻이 있습니다.

4. 어떤 차가 정지 신호를 무시하고 지나갔습니다.
   That car ran a red light.
   댓 카 랜 어 레드 라잇
   ○ 신호를 무시한 차를 봤기 때문에 a가 아니라 that입니다.

 **대화 표현의 활용**

앗! 터미네이터에 나오는 바로 그 경찰과 똑같은 모습…….

 DIALOG

경찰관	**May I see your driver's license, please?**
동 수	Yes, officer. Here you are.
경찰관	**What happened exactly?**
동 수	**A dog ran into my car.**
경찰관	Okay, I can see the dog there. Did you brake when you saw it?
동 수	Yes! I slammed on the brakes, and that's how I hit this tree.

경찰관	운전면허증 좀 보여 주시겠습니까?
동 수	예, 경관님. 여기 있습니다.
경찰관	정확히 무슨 일이 일어났는지 말해 주시겠습니까?
동 수	강아지 한 마리가 내 차로 뛰어들었습니다.
경찰관	그렇군요 저기 강아지가 한 마리 있군요. 브레이크를 밟으셨나요?
동 수	예! 브레이크를 밟았지만 그래서 그만 나무와 충돌하고 말았습니다.

● **잠깐 알고 갈까요?**

교통사고가 나면 I'm sorry.란 말은 내가 잘못했음을 인정하는 말이니, 전적으로 잘못한 경우가 아니면 절대 사용하지 마시고 경찰이 묻는 말에만 대답하는 것이 좋습니다. 미국 교통 신호 체계에서 특이한 점은 신호등이 없는 교차로에는 네 군데 모두 stop 표지판이 있다는 것입니다. 이것은 보행자의 안전을 위한 표시로 이런 교차로에서는 보행자가 언제든지 차보다 우선입니다.

 ## 교통사고를 신고할 때

동수가 교통사고를 신고한다면…

1. 교통사고가 났습니다.
   ### I've just been in a traffic accident.
   아이브 저스트 빈 인 어 트래픽 액써던트
   - 뜻하지 않게 일어나는 사고를 나타낼 때에는 accident라는 표현을 쓰고 중대 사건으로 발전할 위험성이 있는 부수적인 사건은 incident로 표현합니다.

2. 여기 사람이 다쳤어요.
   ### There's an injured person here.
   데어즈 언 인쥬어드 퍼슨 히어
   - 상처나 부상을 뜻하는 말은 injury나 wound라는 표현을 쓸 수 있는데 사고 등에 의한 손상이나 상해는 injury, 칼이나 총 등에 의한 상처는 wound를 씁니다.

3. 경찰 좀 보내 주시겠어요?
   ### Could you send an officer out right away. please?
   쿠 쥬 쎈드 언 오피서 아웃 라잇 어웨이 플리즈

4. 구급차를 불러 주시겠어요?
   ### Could you call an ambulance?
   쿠 쥬 콜 언 앰뷸런스

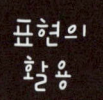

A _ I've just been in a traffic accident. Could you send an officer out right away. please?
B _ Yes. Is anyone injured?
A _ Yes!
B _ Okay. We will be there as fast as we can. And an ambulance is on the way.

A_ 교통사고가 났습니다. 경찰 좀 보내 주시겠어요?
B_ 그렇게 하겠습니다. 그 곳에 다친 사람이 있습니까?
A_ 예!
B_ 빨리 가도록 하겠습니다. 그리고 구급차는 가는 중입니다.

교통사고와 분실

교통사고

1. 도와 주세요!
   Please help me!
   플리즈 헬프 미

2. 저를 병원에 좀 데려가 주세요.
   Please take me to the hospital.
   플리즈 테익 미 투 더 하스피털

3. 그 사람 차가 내 차를 받았습니다.
   His car ran into my car.
   히즈 카 랜 인투 마이 카아

4. 그 사람이 신호를 무시했습니다.
   He ignored the traffic signal.
   히 이그노어드 더 트래픽 씨그널

5. 비 때문에 차가 미끄러졌습니다.
   The car skidded off because of the rain.
   더 카 스키디드 어프 비코우즈 어브 더 레인

분실

1. 여권을 잃어버렸어요.
   I've lost my passport.
   아이브 러스트 마이 패스폿

2. 여권을 재발급 받고 싶습니다.
   I'd like to have passport reissued.
   아이드 라익 투 해브 패스폿 리이슈드

3. 내 가방이 없어졌습니다.
   My bag is missing.
   마이 백 이즈 미씽

4. 그 가방은 어떻게 생겼나요?
   What did the bag look like?
   왓 디드 더 백 룩 라익

04 한 번 고급 호텔에서 자 보는 것도…

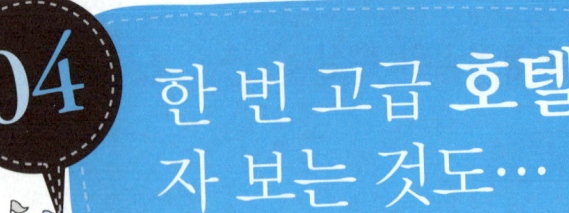

교통사고가 날 때는 '이 즐거운 여행이 불행으로 끝나는 건가?' 하는 불길한 생각도 잠시 들었으나 다행히 가벼운 타박상만 입었고 차도 크게 부서지지 않았다. 간단한 보험처리를 하고 나니 마음이 한결 풀렸지만 더 이상 차로 여행할 마음이 사라졌다. 그래서 우선 잠잘 곳을 찾아 쉬면서 여행 스케줄을 다시 잡기로 했다. 잠잘 곳을 찾아 헤매는데 눈에 띄는 호텔 하나! 정말 좋아 보인다. 또 비싸 보인다. 아, 갈등! 날도 점점 어두워지고……. 그래 내가 언제 이런 데서 자 보겠어. 좋아, 한 번 들어가 보자.

 **호텔 체크인**

1. 예약을 하지 않았는데 빈 방이 있습니까?
   I don't have a reservation. Do you have any vacancies?
   아이 돈 해 버 레줘베이션 두 유 햅 에니 베이컨씨스

   ○ 만약에 호텔에 방이 없어 근처에 다른 호텔을 추천해 달라고 한다면 **Could you recommend another hotel near by?**라고 말할 수 있습니다.

2. 어떤 방을 원하십니까?
   What kind of room would you like?
   왓 카인드 오브 룸 우 쥬 라익

3. 싱글룸 하나 주세요.
   I'd like a single, please.
   아이 라이 커 씽글 플리즈

4. 얼마나 머무르시겠습니까?
   How long will you be staying?
   하우 롱 윌 유 비 스테잉

   ○ 입실하기 전에 방을 먼저 보고 싶다면 **Could I see the room first?**라고 말하면 됩니다.

 **표현의 활용**

두리번두리번 촌놈 티내면서 들어가 보니 럭셔리한 실내, 그 중앙에 있는 프런트 데스크. 설마 쫓아내기야 하겠어?

DIALOG

동 수	**I don't have a reservation. Do you have any vacancies?**
프런트	What kind of room would you like?
동 수	**I'd like a single, please.**
프런트	How long will you be staying?
동 수	I'll be here for two days. What's your rate?
프런트	It's seventy dollars per night.

동 수	예약을 하지 않았는데 빈 방이 있습니까?
프런트	어떤 방을 원하십니까?
동 수	싱글룸 하나 주세요.
프런트	얼마나 머무르시겠습니까?
동 수	2일 간 머무를 겁니다. 하루 묵는 데 얼마입니까?
프런트	하루에 70달러입니다.

잠깐 알고 갈까요?

호텔 객실의 침대 타입은 싱글룸, 트윈룸, 더블룸, 스위트룸 등이 있습니다. 싱글룸은 1인용 방으로 싱글 침대가 하나 있는 방이고, 트윈룸은 2인용 방으로 싱글 침대가 두 개 있는 방입니다. 더블룸은 주로 부부나 연인이 사용하는 방으로 더블 침대가 하나 있습니다. 그리고 스위트룸은 침실과 응접실이 나누어진 방입니다.

 **호텔 예약**

동수가 호텔을 전화로 미리 예약한다면…

1. 여보세요. 예약을 하고 싶습니다.
   Hello. I'd like to make a reservation.
   헬로우 아이드 라익 투 메이 커 레줘베이션
   - 전망 좋은 방을 원한다면 I'd like a room with a view.라고 말하면 됩니다.

2. 오늘 밤부터 3일 밤 동안 싱글룸으로 예약하고 싶습니다.
   I'd like to reserve a single room for 3 nights starting tonight.
   아이드 라익 투 리저브 어 씽글 룸 포 쓰리 나잇츠 스타팅 터나잇
   - 만약 하루 숙박료를 묻는다면 What is the rate per night?라고 표현할 수 있습니다.

3. 몇 일로 예약을 해 드릴까요?
   What dates would you like to make your reservation for?
   왓 데이츠 우 쥬 라익 투 메이 큐어 레줘베이션 포

4. 박동수라는 이름으로 예약하려고 합니다.
   I'd like to make a reservation under the name of Dongsu Park.
   아이드 라익 투 메이 커 레줘베이션 언더 더 네임 어브 동수 파악

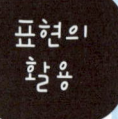

A _ **Hello. I'd like to make a reservation.**
B _ What kind of room would you like, sir?
A _ **I'd like to reserve a single room for 3 nights, starting tonight.**
B _ May I have your name, please?

A _ 여보세요. 예약을 하고 싶습니다.
B _ 어떤 방을 예약하시겠습니까?
A _ 오늘 밤부터 3일 밤 동안 싱글룸으로 예약하고 싶습니다.
B _ 이름을 알려 주시겠습니까?

체크인과 호텔방의 선택

체크인

1. 체크인을 하고 싶습니다.
   I'd like to check in, please.
   아이드 라익 투 체크 인 플리즈

2. 어느 분 이름으로 예약되어 있습니까?
   What name is it under?
   왓 네임 이즈 잇 언더

3. 이민호라는 이름으로 예약했습니다.
   I have a reservation under the name of Minho Lee.
   아이 해 버 레줘베이션 언더 더 네임 어브 민호 리

4. 제 짐을 운반해 줄 사람이 필요합니다.
   I need somebody to help me with my luggage.
   아이 니잇 썸바디 투 헬프 미 윗 마이 러기쥐

5. 필요한 것이 있으시면, 프런트로 전화해 주세요.
   If you need anything, please call the front desk.
   이프 유 니잇 애니씽 플리즈 콜 더 프런트 데스크

호텔방의 선택

1. 전망이 좋은 방으로 주세요.
   I'd like a room with a view.
   아이드 라이 커 룸 위드 어 뷰우

2. 조용한 방을 원합니다.
   I'd like a quiet room.
   아이드 라이 커 콰이엇 룸

3. 킹사이즈 침대가 있는 방으로 부탁합니다.
   I'd like a room with a king-sized bed.
   아이드 라이커 룸 윗 어 킹-싸이즈드 베드

4. 좀 더 저렴한 방은 없나요?
   Do you have anything cheaper?
   두 유 해브 애니씽 치퍼

05 고급 호텔에서 고급 서비스, 비싼 값을 하는구나!

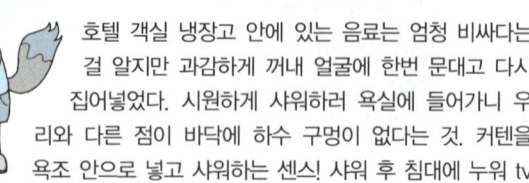

호텔 객실 냉장고 안에 있는 음료는 엄청 비싸다는 걸 알지만 과감하게 꺼내 얼굴에 한번 문대고 다시 집어넣었다. 시원하게 샤워하러 욕실에 들어가니 우리와 다른 점이 바닥에 하수 구멍이 없다는 것. 커텐을 욕조 안으로 넣고 샤워하는 센스! 샤워 후 침대에 누워 tv 채널을 돌려 보다가 객실 밖으로 나가 보니 수영장, 사우나 등 부대시설이 참 럭셔리하다. 역시 비싼 값을 하는구나.

 **호텔 서비스 이용**

1. 707호인데요. 룸서비스를 이용 할 수 있나요?
   This is room 707. Could I order room service?
   디스 이즈 룸 쎄번오우쎄번 쿳 아이 오더 룸 써비스
   - 몇 시까지 룸서비스가 가능한지 묻는다면 What hours is room service available?이라고 말할 수 있습니다.

2. 내일 아침 7시에 모닝콜을 해 주시겠어요?
   Could you give me a wake-up call at 7 tomorrow morning?
   쿠 쥬 깁 미 어 웨이-컵 콜 앳 쎄번 터마로우 모오닝
   - 호텔에서 투숙한 사람에게 지정한 시간에 깨워 주는 서비스를 우리는 모닝콜이라고 하는데 정확한 영어 표현은 wake-up call입니다.

3. 세탁할 빨랫감은 어떻게 하면 되나요?
   How do I get my dirty laundry cleaned?
   하우 두 아이 겟 마이 더터 론드리 클린드

4. 제가 외출하는 동안 방 청소를 해 주시겠어요?
   Would you clean my room while I'm out?
   우 쥬 클린 마이 룸 와일 아임 아웃

대화 표현의 활용

며칠 여행하면서 생긴 세탁물도 있고, 이왕 비싼 호텔에 들어왔으니 크게 비싸지 않다면 이것저것 한 번 이용해 봐야지……

DIALOG

동 수　**This is room 707. Could I order room service?**
룸서비스　Yes, of course, sir.
동 수　**And could you give me a wake-up call at 7 tomorrow morning?**
룸서비스　No problem, sir.
동 수　**And may I ask you one more thing?**
룸서비스　Sure.
동 수　**How do I get my dirty laundry cleaned?**
룸서비스　Just place your laundry in the bag provided and set it outside your door.

　　동　수　707호인데요. 룸서비스를 이용 할 수 있나요?
　　룸서비스　물론입니다, 손님.
　　동　수　그리고 내일 아침 7시에 모닝콜을 해 주시겠어요?
　　룸서비스　알겠습니다, 손님.
　　동　수　또 한 가지 더 물어봐도 될까요?
　　룸서비스　그럼요.
　　동　수　세탁할 빨랫감은 어떻게 하면 되나요?
　　룸서비스　준비되어 있는 주머니에 빨래거리를 담아 문밖에 내 놓으세요.

 ## 호텔에 문제가 있을 때

호텔에서 문제가 발생한다면…

1. 에어컨이 [TV가] 작동하지 않습니다.
   The air conditioner [TV] doesn't work.
   디 에어 컨디셔너 [티브이] 더즌 워크
   - '~ doesn't work.'는 '고장나다' 라는 표현으로 ~ is out of order.라고 해도 비슷한 의미의 표현입니다.

2. 뜨거운 물이 나오지 않아요.
   I don't have any hot water.
   아이 돈 햅 에니 핫 워터

3. 화장실 물이 잘 내려가지 않습니다.
   The toilet isn't flushing.
   더 토일릿 이즌 플러싱
   - flush는 '(물 등을) 왈칵 흘리다, 쏟아내리다' 라는 뜻으로 flush the toilet 하면 '화장실 물을 내리다' 라는 표현이 됩니다.

4. 열쇠를 방에다 놓고 문을 잠가 버렸어요.
   I'm locked out of my room.
   아임 락 다웃 어브 마이 룸

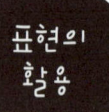

A _ **The air conditioner doesn't work.**
B _ We will send someone to take care of it right away.
A _ Also, **I don't have any hot water.**
B _ The workman will be able to take care of that, too.

A _ 에어컨이 작동하지 않습니다.
B _ 지금 당장 그것을 처리할 사람을 보내겠습니다.
A _ 그리고 뜨거운 물도 안 나옵니다.
B _ 그 사람이 그것도 고칠 수 있습니다.

호텔 서비스 이용과 불편 신고

서비스 이용

1. 지금 룸서비스를 이용할 수 있습니까?
   Is room service available now?
   이즈 룸 써비스 어베이러블 나우

2. 제 방으로 아침을 가져다 주시겠습니까?
   Could I have breakfast in my room?
   쿳 아이 해브 브렉퍼스트 인 마이 루움

3. 방 정리를 부탁드립니다.
   Please make up my room.
   플리즈 메이 컵 마이 루움

4. 귀중품을 보관하고 싶습니다.
   I'd like to deposit my valuables.
   아이드 라익 투 디파짓 마이 밸류어블즈

5. 여기에서 팩스로 메시지를 보낼 수 있습니까?
   Can I send a fax message from here?
   캔 아이 쎈 더 팩스 메시쥐 프럼 히어

서비스의 불편 신고

1. 전기가 나갔습니다.
   The power is off.
   더 파워 이즈 어프

2. 여분의 담요를 좀 더 올려 보내주세요.
   We need extra blankets up here.
   위 니드 엑스트러 블랭킷츠 업 히어

3. 방에 수건이 충분하지 않습니다.
   I don't have enough towels in my room.
   아이 돈 햅 이너프 타월즈 인 마이 루움

4. 어떻게 방 온도를 조절합니까?
   How do I control the room temperature?
   하우 두 아이 컨트로울 더 룸 템퍼러춰

06 관광할 만한 곳 좀 추천해 주세요!

일단 뚜벅이 신세이니 관광버스를 이용하여 여행을 마무리 지어야겠다. 그런데 그전에 이곳 시내도 구경할 게 많다고 들은 것 같은데 오늘 당일치기로 시내관광을 하는 것도 재미있지 않을까? 누구한테 물어봐야 시내 관광을 제대로 할 수 있을까? 이때 호텔 프런트에 있는 직원이 눈에 들어온다. '아, 저 사람이라면 상세하게 설명해 주겠구나……'

 **관광정보를 문의할 때**

1. 시내관광을 하고 싶습니다.
   I'd like to do some sightseeing in the city.
   아이드 라익 투 두 썸 싸잇씨잉 인 더 씨티
   ○ sightseeing은 '관광'이고 '관광객'은 sightseer라고 하면 됩니다. 참고로 sightworthy라고 하면 '볼 가치가 있는'의 뜻이 됩니다.

2. 이 도시에는 볼 만한 것이 무엇이 있나요?
   What should I see in this city?
   왓 슈드 아이 씨 인 디스 씨티

3. 여기의 주요 관광명소는 무엇입니까?
   What are the major tourist attractions here?
   왓 아 더 메이줘 투어리스트 어트랙션 히어
   ○ attraction은 '사람의 마음을 끄는 것, 매력, 인기거리'라는 뜻입니다.

4. 볼 만한 곳을 추천해 주시겠습니까?
   Can you recommend some interesting places to see?
   캔 유 레커멘트 썸 인터레스팅 플레이스 투 씨

 **표현의 활용**

여기 이 도시를 하루 당일치기로 관광하려는데 어디어디를 가는 게 좋을까요?

 DIALOG

동 수	**I'd like to do some sightseeing in the city.**
종업원	What would you like to see, sir?
동 수	Well, **what should I see here?**
종업원	There are so many places worth visiting. What are you interested in?
동 수	I love architecture.
종업원	Well, there is one street that is famous for it's beautiful buildings.
동 수	Sounds great!

동 수	시내관광을 하고 싶습니다.
종업원	어떤 것을 보기를 원하십니까?
동 수	글쎄요, 이 도시에는 볼 만한 것이 무엇이 있나요?
종업원	이 곳엔 볼 만한 것들이 많이 있습니다. 어떤 것에 흥미를 느끼나요?
동 수	건축물을 좋아합니다.
종업원	아름다운 건물로 유명한 거리가 있습니다.
동 수	멋지겠군요!

● 잠깐 알고 갈까요?

혼자 여행을 하게 되는 경우 여권, 현금 등은 항상 몸에 지니고 다니고 몸에 값비싼 액세서리나 보석 착용을 삼가하는 것이 좋습니다. 그리고 가능하면 공중화장실보다는 호텔이나 백화점에 있는 화장실을 이용하는 것이 안전합니다.

 **관광버스를 문의할 때**

동수가 관광버스에 대해 문의를 한다면…

1. 시내 관광버스가 있습니까?
   Do you have any bus tours of the city?
   두 유 해브 애니 버스 투어즈 어브 더 씨티
   - 가이드가 있는지 물을 때는 Do you have a guide?하고 말하면 됩니다.

2. 몇 시에 출발합니까?
   What time does the bus leave?
   왓 타임 더즈 더 버스 리브
   - 만약에 '언제 돌아옵니까?' 하고 도착 시간을 묻는 표현은 What time are we coming back?이라고 말할 수 있습니다.

3. 관광버스가 어디를 갑니까?
   Where does this sightseeing bus go?
   웨어 더즈 디스 싸잇씨잉 버스 고우

4. 일 인당 비용은 얼마입니까?
   How much does it cost per person?
   하우 머취 더즈 잇 코스트 퍼 퍼선

A _ Do you have any bus tour of the city?
B _ Yes, we have one. Is there any place in particular you'd like to see?
A _ Well, **where does this bus go?**
B _ It actually goes around the whole city.

A _ 시내 관광버스가 있습니까?
B _ 네 하나 있습니다. 특히 가보고 싶으신 장소가 있습니까?
A _ 글쎄요. **관광버스가 어디를 갑니까?**
B _ 시내 전체를 도는 것입니다.

관광정보와 관광버스

관광정보

1. 관광안내 정보는 어디서 얻을 수 있을까요?
   Where can I get some tourist information?
   웨어 캔 아이 겟 썸 투어리스트 인포메이션

2. 관광 안내책자를 가질 수 있을 까요?
   Could I have a sightseer's pamphlet?
   쿳 아이 해 버 싸잇씨어즈 팸플럿

3. 이틀 정도 머물 예정입니다. 어디를 가면 좋을까요?
   I'm planning to stay for 2 days. Where should I go?
   아임 플래닝 투 스테이 포 투 데이즈 웨어 슈드 아이 고우

4. 전망이 좋은 곳은 어디입니까?
   Where is the place to enjoy a nice view?
   웨어 이즈 더 플레이스 투 인조이 어 나이스 뷰우

5. 관광 지도가 있습니까?
   Do you have a tourist map?
   두 유 해 버 투어리스트 맵

관광버스

1. 시간은 얼마나 걸립니까?
   How long does it take?
   하우 롱 더즈 잇 테익

2. 언제 돌아옵니까?
   When will we return?
   웬 윌 위 리터언

3. 하루에 몇 번 운행하나요?
   How many times does it run a day?
   하우 매니 타임즈 더즈 잇 런 어 데이

4. 한국어 하는 가이드가 있습니까?
   Is there a Korean-speaking guide?
   이즈 데어 러 커리언-스피킹 가이드

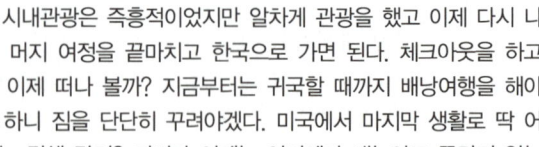

07 호텔 체크아웃… 굿 바이 아메리카!

시내관광은 즉흥적이었지만 알차게 관광을 했고 이제 다시 나머지 여정을 끝마치고 한국으로 가면 된다. 체크아웃을 하고 이제 떠나 볼까? 지금부터는 귀국할 때까지 배낭여행을 해야 하니 짐을 단단히 꾸려야겠다. 미국에서 마지막 생활로 딱 어울리는 컨셉 맞지? 거기다 이제는 어디에다 내놓아도 꿀리지 않는 영어 구사 능력까지……. 나 이거 잘난 척이라기보다 자신감이라고 하는 게 맞지?

 **호텔 체크아웃**

1. 체크아웃을 하려고 합니다. 계산서를 주세요.
   I'm checking out now. I'd like my bill.
   아임 체킹 아웃 나우 아이드 라익 마이 빌

   ○ 호텔에서 숙박을 마치고 나가는 것은 check out이라고 하고 반대로 호텔에 투숙하는 것을 check in이라고 합니다.

2. 짐을 내리게 사람을 올려보내 주세요.
   Please send someone to bring down my luggage.
   플리즈 쎈드 썸원 투 브링 다운 마이 러기쥐

3. 신용카드로 계산해도 됩니까?
   Can I pay by credit card?
   캔 아이 페이 바이 크레딧 카드

4. 청구액이 틀린 것 같습니다. 이건 뭐죠?
   This charge is a mistake, I think. What is it for?
   디스 챠아쥐 이즈 어 미스테익 아이 씽크 왓 이즈 잇 포

   ○ 여기서 charge는 '청구 금액, 요금'을 뜻하는 표현입니다.

 **대화 표현의 활용**

계산서를 보니 역시 예상한 대로 비싸다. 하지만 그만큼 값어치를 한 서비스였지. 나중에 꼭 성공해서 이런 데 자주 와야지……

DIALOG

동 수	**I'm checking out now. I'd like my bill.**
프런트	Yes, sir. Is there anything else I can do for you?
동 수	**Please send someone to bring down my luggage.**
프런트	We will send someone to get your bags right away.
동 수	**Can I pay by credit card?**
프런트	Yes, sir. Please, if you could just check your bill to see if everything's satisfactory?

동 수	체크아웃을 하려고 합니다. 계산서를 주세요.
프런트	손님 알겠습니다. 또 도와 드릴 것이 있나요?
동 수	짐을 내리게 사람을 올려보내 주세요.
프런트	바로 짐을 내릴 사람을 보내겠습니다.
동 수	신용카드로 계산해도 됩니까?
프런트	네, 손님. 계산서에 이상이 있는지 확인해 주시겠습니까?

○ 잠깐 알고 갈까요?

호텔에서 투숙이 끝나 요금을 지불하고 나가는 것을 체크아웃(check out)이라고 합니다. 체크아웃 시간은 보통 오전 11시에서 정오 사이에 합니다. 만약 시간을 초과하면 요금을 더 내는 수가 있으니 주의해야 합니다.

 ## 탑승 수속

동수가 공항에서 탑승 수속을 한다면…

1. 티켓과 여권을 보여 주시겠습니까?
   May I see your ticket and passport, please?
   메이 아이 씨 유어 티킷 앤 패스포트 플리즈

2. 수하물을 여기에 올려 주시겠습니까?
   Could you place your baggage up here?
   쿠 쥬 플레이즈 유어 배기쥐 업 히어
   ○ 참고로 가방이나 짐을 부칠 때 check in bags [baggage]라는 표현을 쓸 수 있습니다.

3. 원하시는 좌석이 있습니까?
   Do you have a seating preference?
   두 유 해 버 씨이팅 프리퍼런스
   ○ 창가쪽 자리를 달라고 한다면 I'd like a window seat, please.라고 말하면 됩니다.

4. 이것을 비행기 안으로 가져갈 수 있습니까?
   Can I bring this on the plane?
   캔 아이 브링 디스 언 더 플레인

A_ **May I see your ticket and passport, please?**
B_ **Here you are.**
A_ **Do you have a seating preference?**
B_ **Yes. I'd like a window seat, please.**

A_ 티켓과 여권을 보여 주시겠습니까?
B_ 여기 있습니다.
A_ 원하시는 좌석이 있습니까?
B_ 네. 창가 쪽 좌석을 부탁합니다.

호텔 체크아웃과 변경 및 연장

체크아웃

1. 체크아웃을 하고 싶습니다.
   I'd like to check out, please.
   아이드 라익 투 첵 아웃 플리즈

2. 여행자 수표를 받습니까?
   Do you accept traveler's checks?
   두 유 액셉트 트레블러즈 체엑스

3. 이건 무슨 요금이죠?
   What is this charge for?
   왓 이즈 디스 챠아쥐 포

4. 이 서비스는 받지 않았어요.
   I didn't get this service.
   아이 디든 겟 디스 써비스

5. 이 요금이 뭔지 설명 해 줄 수 있나요?
   Could you explain these charges to me?
   쿠 쥬 익스플레인 디–즈 챠아쥐즈 투 미

변경 및 연장

1. 하루 일찍 떠나고 싶습니다.
   I'd like to leave a day earlier.
   아이드 라익 투 리–브 어 데이 어얼리어

2. 체크아웃 시간을 연장 할 수 있을까요?
   Could you give me an extra hour to check out?
   쿠 쥬 깁 미 언 엑스트러 아워 투 첵 아웃

3. 이틀 더 머물고 싶습니다.
   I'd like to stay for two more days.
   아이드 라익 투 스테이 포 투 모어 데이즈

4. 더 머무르기를 원하시면 추가 요금을 내셔야 합니다.
   If you want to stay longer, there's an extra charge.
   이프 유 원 투 스테이 롱거 데어즈 언 엑스트러 챠아쥐

연습문제

1
A _ 차를 한 대 빌리고 싶습니다.
B _ For how many days would you like it?
A _ Five days. 차를 빌리는 요금은 하루에 얼마입니까?
B _ Rates depend on the car you are renting.

> A _ **I'd like to rent a car, please.**
> B _ 며칠 동안이나 대여를 하실 건가요?
> A _ 5일간입니다. **What are your daily rental rates for cars?**
> B _ 어떤 차를 빌리는 지에 따라 다릅니다.

2
A _ Excuse me. 사진 한 장 찍어 주시겠습니까?
B _ Sure. Are you ready? 1, 2, 3,… Cheese!
A _ Thank you.
B _ Not at all.

> A _ 실례합니다. **Would you please take a picture of me?**
> B _ 그럼요. 준비 됐나요? 하나, 둘, 셋… 치즈!
> A _ 고마워요.
> B _ 천만에요.

3 A _ Can you tell me what happened?
B _ 어떤 차가 정지 신호를 무시하고 지나갔고 다른 차를 치었습니다.
A _ I see. well, thank you for your help.
B _ No problem, officer.

> A _ 무슨 일이 있어났는지 말해 주시겠습니까?
> B _ That car ran a red light and hit that other car.
> A _ 알겠습니다. 당신 도움에 감사합니다.
> B _ 천만에요 경관님.

4 A _ 예약을 하지 않았는데 빈 방이 있습니까?
B _ What kind of room would you like?
A _ I'd like a single, please.
B _ Let me check to see if we have any available.

> A _ I don't have a reservation. Do you have any vacancies?
> B _ 어떤 방을 원하십니까?
> A _ 싱글룸을 부탁합니다.
> B _ 있는지 확인해 보겠습니다.

5 A _ 제가 외출하는 동안 방 청소를 해 주시겠습니까?
B _ May I ask you when you will be leaving?
A _ I'll be leaving at 3.
B _ Then, we will send someone to clean your room at 3 o'clock, sir.

> A _ Would you clean my room while I'm out?
> B _ 언제 나가시는지 여쭤어 봐도 되겠습니까?
> A _ 3시에 외출할 거예요.
> B _ 3시에 방을 청소할 사람을 올려보내겠습니다.

6
A _ 볼 만한 곳을 추천해 주시겠습니까?
B _ I recommend you to go to the ancient history museum.
A _ Really? What's there?
B _ They have a collection of rare military armor that particularly interesting.

> A _ Can you recommend some interesting places to see?
> B _ 고대사 박물관에 가실 것을 권장합니다.
> A _ 정말요? 거기에 뭐가 있습니까?
> B _ 거기에는 특히 흥미로운 희귀한 전투 갑옷들이 있습니다.

7
A _ 체크아웃을 하려고 합니다. 계산서 부탁합니다.
B _ Here you go, sir. Is there a problem, sir?
A _ 예. 청구액이 틀립니다. 이건 뭐죠?
B _ It's from your breakfast yesterday morning.

> A _ I'm checking out now. I'd like my bill.
> B _ 여기 있습니다, 손님. 잘못된 것이 있습니까?
> A _ Yes. This charge is a mistake, I think. What is it for?
> B _ 이건 손님이 어제 드신 아침 식사 계산입니다.